OS OLHOS DA ALMA

Blucher

OS OLHOS DA ALMA

Jean-Claude Rolland

Tradução
Paulo Sérgio de Souza Jr.

Revisão técnica
Ana Maria Andrade de Azevedo

Título original em francês: *Les yeux de l'âme*
© Jean-Claude Rolland, Editions Gallimard, Paris, 1997
© Editora Edgard Blücher Ltda., 2016

Publisher Edgard Blücher
Editor Eduardo Blücher
Produção editorial Bonie Santos, Camila Ribeiro, Isabel Silva
Diagramação Andrea Yanaguita
Preparação e revisão de texto Maria Aiko Nishijima e Danielle Costa
Capa Leandro Cunha

Blucher

Rua Pedroso Alvarenga, 1245, 4º andar
04531-934 – São Paulo – SP – Brasil
Tel.: 55 11 3078-5366
contato@blucher.com.br
www.blucher.com.br

Segundo o Novo Acordo Ortográfico,
conforme 5. ed. do Vocabulário
Ortográfico da Língua Portuguesa,
Academia Brasileira de Letras, março
de 2009.

É proibida a reprodução total ou parcial
por quaisquer meios sem autorização
escrita da Editora.

Todos os direitos reservados pela
Editora Edgard Blücher Ltda.

FICHA CATALOGRÁFICA

Rolland, Jean-Claude

Os olhos da alma / Jean-Claude
Rolland; tradução de Paulo Sérgio de
Souza Jr.; revisão técnica de Ana Maria
Andrade de Azevedo. – São Paulo:
Blucher, 2016.

ISBN 978-85-212-1025-2

Título original: *Les yeux de l'âme*

1. Psicanálise I. Título II. Souza,
Paulo Sérgio de III. Azevedo, Ana Maria
Andrade de

16-0128   CDD 150.195

Índices para catálogo sistemático:
1. Psicanálise

Conteúdo

Apresentação	7
Prólogo	21
1. Apenas uma imagem	27
2. A língua do sonho	45
3. Salomé	71
4. Os deuses e o inconsciente	81
5. Memória subjetiva	97
6. O imagético ou a memória do primitivo	131
7. A ironia	153
8. Enunciação, denunciação	165
9. O estado *borderline*	179
10. Sobre a renúncia	193
11. Figuras da protomelancolia	209

Apresentação

Jean-Claude Rolland se inscreve na tradição dos pensadores trágicos, dos pensadores do absurdo, daqueles que afirmam como petição de princípio que há algo na natureza humana destinado a jamais se encontrar, marcados que somos pelo inacabamento, pela provisoriedade e pelas incongruências. Por isso, daqueles que não se arrogam a pretensão de consertar a humanidade, os homens, como tampouco de corrigir e organizar o i-mundo do mundo.

Amante das operações contidas nas palavras – o poeta Carlos Drummond de Andrade dizia que "as palavras são servas de estranha majestade" –, todo o empenho de Rolland se revela no modo com que trata de fazer um reconhecimento das condições em que a vida se torna possível, em recolher e acolher os fazeres implicados na naturalidade com que a vida cotidiana se nos apresenta, como se já nascesse pronta, e, logo, refletir sob que condições conseguimos vivê-la, sob que condições somos capazes de aceitá-la em sua radicalidade. Pois será em torno das exigências da vida que a subjetividade de cada um de nós se constituirá. E não sem inúmeros riscos.

Desde seu exercício clínico diário como psicanalista até as reflexões que nos traz desde os mais variados campos do saber, Jean-Claude Rolland se aproxima da condição humana com uma franqueza e honestidade que emociona a todos os seus leitores.

Em sua visita ao Brasil em 2013, tive a oportunidade de debater com ele algumas das ideias contidas em seu *Os olhos da alma*, em especial sobre "Figuras da protomelancolia". O primeiro impacto que a leitura de seu livro me causou foi a abertura para aceitar como próprio do homem a loucura e o desvario como manifestações da nossa des-natureza.

Nossa conversa trouxe à lembrança o *Auto de fé*, de Elias Canetti, em que o autor faz uma dura crítica à psiquiatria da época em sua pretensão de curar os homens de sua humanidade e ordenar a vida.

Para aqueles que não conhecem a obra e gostariam de saber de que se trata, *Auto de fé* conta as peripécias de um erudito, Peter Kien, um sinólogo, cuja vida é dedicada à exegese e tradução de textos de sábios chineses. Ele não tem senão uma paixão, a paixão pelos livros. Em alemão, o romance se chama *Die Blendung*, *A ofuscação*. Ofuscar não quer dizer apenas o que impede algo de ser visto. Ofuscar traz à cena a cristalização de um foco único que impede o sujeito de ver tudo mais que o cerca.

E esta é a perspectiva que J-C toma em suas reflexões, não poupando sequer a psicanálise de sua crítica. Sabendo da ofuscação que todo foco de interesse causa e traz consigo, mais ou menos intensamente, J-C adverte para o viés de que o psicanalista é tomado quando em contato com seu paciente. Viés gerador de cristalizações, em que a urgência da dor que nos é trazida por nossos pacientes consequentemente nos impede e inibe a liberdade para algumas aventuras e considerações que fugiriam à finalidade da consulta.

Por isso, em seu trabalho, há um diálogo tenso e muito rico entre a psicopatologia e a literatura. J-C encontra na literatura um lugar privilegiado para esta aventura em virtude de um certo descompromisso do autor e do leitor. "O interesse por uma abordagem literária da afecção psicótica deve-se justamente ao fato de ela nos autorizar um quê a mais de desinteresse e de saliência" (p. 223).

Isso implica dizer que, ao assim proceder, a literatura nos permite um afastamento do imperativo do intervir e do tratar tudo o que se nos apresente, deixando livre para reflexão outros campos de visão.

Eu o cito:

> *Não tendo mais de cuidar daquele que lemos e livres do papel de cuidador que nos é atribuído pela nossa pertença à comunidade, então nos é permitido fazer jus à razão do seu autor, tolerar a vontade implacável que organiza essa lógica de destino e compreender a sua recusa em escapar à nossa influência. O desvio pelo estudo literário é, assim, suscetível de enriquecer o estudo clínico; ele nos permite restituir nesse último um fato que, nele, não é diretamente legível (p. 223).*

Por outro lado, não lhe escapa também à crítica, que – de novo – ao assim proceder, obscurece o que nossos pacientes esperariam obter de seus psicanalistas. Pois se por um lado J-C se refere à função da poesia e da literatura como condição para melhor poder suportar a posição de psicanalistas ante a psicose, por outro, reconhece que enriquecemos mais a teoria psicanalítica com o que conhecemos da psicose do que enriquecemos aos psicóticos com o que aprendemos com eles sobre eles. Eu o cito: "[...] a teoria psicanalítica, como escrevi noutro momento, enriqueceu-se mais com a exploração da psicose do que esta tirou proveito do seu método".[1]

Diante desse paradoxo, no qual a mesma questão caminha simultaneamente para lados opostos sem a possibilidade de uma saída que reúna em si tais opostos, qual é o lugar onde poderíamos retirar mais livremente as consequências das operações implicadas na constituição do psíquico?

Mais uma vez, eu o cito:

> *Mas, daí, uma questão se coloca para nós: qual seria o lugar ideal para uma exploração científica, desinteressada, das operações constitutivas do sonho? A autoanálise a que Freud se submeteu tão escrupulosamente e à qual devemos o essencial do material em que se fundamenta A interpretação dos sonhos? – mais tarde compreenderemos os limites desse exercício, em que falta a presença de um interlocutor suscetível de fazer aparecer o objeto ao qual todo sonho está necessariamente endereçado. Certas formas de criação literária tais como empreenderam os românticos (Gérard de Nerval, com Aurélia, ou Novalis)? – mas estas não resolvem em nada o enigma do sonho; elas não fazem nada além de transpor, para um nível superiormente poético do discurso, a sua estranheza. Incontestavelmente, caso quiséssemos fazer com*

---

1   Rolland, J.-C. Sorcellerie de l'image. In: Avant d'être celui qui parle. Paris: Gallimard, 2006. p. 127.

que se restituísse ao sonho a sua alma, seria preciso ins-
tituir uma práxis nova, inventar um lugar novo. Mas é o
que queremos? (p. 53).

Essa me parece ser a pretensão das reflexões que J-C Rolland apresenta em cada um dos trabalhos reunidos em *Os olhos da alma*: inventar e investigar desde um novo lugar à alma do sonho, do humano do homem, onde eles possam se mostrar e se expressar sem os constrangimentos da prática clínica nem para a abstração para a qual os românticos, em seu desejo de tudo compreender, nos carregam. Onde as marcas das pegadas de nossa história e constituição permitam que reconheçamos de que somos feitos, como somos feitos, à imagem e à semelhança de quem, do quê.

Mas a dimensão trágica – o homem sempre em contradição consigo mesmo, irremediavelmente – aparece mais fortemente na pergunta que finaliza o parágrafo: "Mas é o que queremos?" De fato, queremos saber quantas são as superfícies contidas na alma dos pequenos gestos a partir dos quais nós fazemos e somos?

Podemos acompanhar essa pergunta sendo trabalhada ao longo de todos os capítulos que compõem o livro.

Por exemplo, no capítulo "Apenas uma imagem", o autor nos diz que

A imagem é a expressão direta, imediata, da sensoriali-
dade; ela é, como esta, proteiforme – aqui: sonora, mo-
tivo musical ou rima poética; ali: sinestésica e motriz,
gestual ou postural; acolá, ainda: visual. E, neste últi-
mo caso, que é paradigmático – visto que o uso tende
a identificar a imagem à imagem visual –, o seu gênio

> *proteiforme chega a fazer com que a imagem seja ora da*
> *ordem do visível, ora do invisível (p. 28).*

Esse paradoxo, essa incongruência, ocupará o cerne da nossa abordagem psicanalítica da imagem.

No capítulo "A língua do sonho":

> *O ensinamento desses arqueólogos nos incita, então, a*
> *ter mais tolerância com a nossa irresolução em dar à*
> *língua do sonho um estatuto preciso. É a aposta que que-*
> *ro fazer aqui. A língua do sonho evoca a reativação de*
> *uma língua primitiva, graças à regressão do sono, que,*
> *além disso, reconduz aquele que dorme a uma etapa da*
> *filogênese a que o homem ainda não teria tido acesso*
> *ao despertar – no sentido da consciência –:* uma língua
> arcaica que seria, pois, para traduzir. *Ela evoca, ao mes-*
> *mo tempo, o rébus como paradigma de uma linguagem*
> *codificada – ou iniciática, ou esotérica – constitutiva de*
> *uma mensagem precisa, endereçada a um interlocutor*
> *preciso, mas que deve permanecer secreta em se consi-*
> *derando uma instância terceira, decretada intrusa – ou,*
> *até mesmo, inimiga –:* uma língua secreta que seria,
> por sua vez, para interpretar. *Ela evoca uma estética*
> *que privilegiaria a imagem (tal como faz o poema em*
> *relação à língua mundana), menos como signo (para*
> *decifrar) que como manifestação de devoção ou de ado-*
> *ração pelo objeto ao qual ela é endereçada:* uma língua
> amorosa que seria para ouvir e partilhar. *E isso tudo ao*
> *mesmo tempo (p. 48).*

Em "Salomé", o autor nos presenteia com uma belíssima reflexão sobre a feminilidade:

A invenção da feminilidade não é um feito do homem ou da mulher. A invenção da feminilidade inventou os gêneros masculino e feminino. Ela necessitou de um gesto mortífero, a decapitação de uma idolatria fálica. [...] A degolação de João Batista é uma das situações mais comoventes do ato civilizador: para que o sujeito entrasse na história, para que o seu corpo chegasse a uma sexualidade e a uma identidade que lhe fosse própria, era preciso romper a autoridade política e espiritual que monopolizava o poder e o desacreditava. O ato de Salomé poderia ser compreendido como a versão feminina do gesto de Prometeu. A invenção da feminilidade é a invenção da liberdade (p. 78-79).

No empenho de retirar mais algumas consequências de sua reflexão, em "Os deuses e o inconsciente", J-C prossegue em sua leitura de Prometeu:

Assim como Prometeu rouba o fogo dos deuses, o eu rouba do isso os seus objetos, colocando-se no lugar deles. Essa apropriação, que faz do eu um tipo de metamorfose do objeto, logo gera uma dessexualização do afeto atrelado ao objeto edipiano – ela é uma sublimação. A criação do eu é, no plano psicológico, o próprio paradigma do ganho civilizatório; ela não acontece sem dor nem pesar. É a natureza profundamente melancólica do eu que Freud faz aparecer nessa etapa verdadeiramente

14 APRESENTAÇÃO

revolucionária do seu pensamento – no sentido em que ele rompe aí, definitivamente, com a tradição psicológica da qual era herdeiro. Não é sem razão que, em certos relatos, designa-se Prometeu como "o primeiro homem", o homem de uma ruptura (p. 89).

Jean-Claude Rolland trata do poder da imagem, ou melhor, do "poder imagético da imagem" (p. 133), o imagético, o que antecipa a subjetividade, cujo reflexo antecede o ser e faz Narciso, o sujeito psíquico, nascer para si mesmo. Transcendendo a toda temporalidade, seja ela histórica ou pré-histórica, "o imagético não é da ordem do pensamento, mas do ato; ele opera na construção psíquica, jamais consumada" (p. 135). Deste modo, na medida em que tanto caracteriza o primitivo quanto o atual, J-C considera um erro tomar o primitivo em termos de temporalidade.

"*O primitivo é aquilo a que* – porque subtraído do desenvolvimento, protegido da usura do tempo e do mundo – *nós ainda não chegamos*". Talvez pudéssemos dizer "àquilo a que jamais deixamos de chegar". Permitam-me prosseguir na citação:

> *O primitivo é o que, das origens, conserva a sua força trágica, a memória viva do assassinato e do incesto, o poder de enigma das representações que o ser nascente, em seu desamparo – para além da proximidade superficial dada pela resposta às necessidades básicas –, forja do outro naquilo que ele tem de estrangeiro, de dissemelhante, de inumano (p. 136).*

Passo seguinte, o que o primitivo representa para o pensamento psicanalítico? Resposta inequívoca:

*O infantil designa aquilo de que o eu deve, ao mesmo
tempo, se fazer – transformando-o na matéria da subjetividade – e se desfazer – instalando, em face do fechamento do seu eu, mas no sítio da sua pessoa, esse estrangeiro como aquele que responde imediatamente por ele.
Na situação analítica, pela transferência, é esse lugar de
estrangeiro que o analista ocupará (p. 143).*

Na esteira do enorme incômodo do eu nascer do acolhimento
deste estranho, J-C se debruça sobre a ironia, "um ato de fala de uso
estritamente interno, que visa a restaurar – em face de um imenso
perigo, de um perigo mortal – o equilíbrio psíquico daquele que
a produz" (p. 154). Será dessa reflexão que o autor interpretará o
diálogo de Hamlet.

Em toda enunciação haverá, pois, uma denúncia, denúncia
desse corpo estranho que nos habita e dá sentido.

No comportamento humano tudo é tão tênue! Um fato pode se
constituir em objeto de discernimento ou de recusa. Tudo depende
de como a realidade é tratada.

*A palavra "realidade" é, ao menos para nós, genéri-
ca demais. O seu emprego deveria ser indissociável do
seu oposto, que é a pulsão, e ela só deveria designar essa
dialética pela qual se constituem, num tempo e num espaço comum, um sujeito e o seu entorno (p. 171).*

Passo seguinte: o estado *borderline*, uma forma particular de
interação com o entorno. Há uma passagem fluida e contínua
entre os capítulos que Jean-Claude Rolland nos apresenta. Do

16 APRESENTAÇÃO

modo com que a realidade se configura singularmente para esses pacientes.

A categoria conceitual de estado *borderline* não designa, portanto, uma "estrutura" individual, mas uma forma de relação intersubjetiva na qual o outro se impõe a mim como duplamente outro: outro no sentido objetivo, em que ele não é "eu", em que ele é o meu *Gegenstand* – aquele que está contra, se opõe e me reduz, assim, à minha pura subjetividade –; outro no sentido de que o mistério da sua existência vem, no meu encontro com ele, me "alterar". Isso que Freud, em múltiplas ocorrências, designa com o termo *Ichveranderung*, "alteração do eu". Esta me parece estar no cerne da contratransferência já longa e minuciosamente descrita nas situações *borderline* (p. 179).

Ante a situação *borderline*, depois de manifestar seu desacordo com a posição dos que defendem a "dimensão deficitária e o caráter de desorganização de suas manifestações psíquicas", assim como depois de afirmar que não crê que a condução de tais tratamentos em nada difira dos demais quanto à aplicação do método, princípio e regras, Jean-Claude Rolland, no belíssimo encaminhamento que dá à questão, conclui que

o inimigo aqui não é a doença, portanto, mas um risco vital (trazido pela eventual renúncia aos objetos edipianos) do qual, justamente, a doença protege o paciente. Por isso, o trabalho analítico – tanto do lado do analista quanto do analisando – deve levar em conta essa configuração psíquica e se organizar, durante o período que pode ser extremamente longo, rumo à explicitação da finalidade positiva, salvadora da doença. Não se trata, para o analista, de curar o paciente, mas de descobrir o suporte econômico que se encontra em sua patologia e que ele vincula a ela como o seu bem mais precioso e mais vital (p. 189).

Passo seguinte relativo a tamanha adesividade: a dor da renúncia dos objetos edipianos,

pois a renúncia aos objetos do id exige que o eu tenha adquirido uma capacidade de sublimação suficientemente boa para perlaborar o afeto que essa renúncia libera, com o risco de este se decompor em angústia. Ela exige que o eu tenha ainda adquirido uma aptidão suficientemente ágil à identificação para que a perda desses objetos – por mais preciosos que sejam – possa ser compensada, consolada pela assunção sempre nostálgica de uma subjetividade. Com o risco de que se desenvolva uma dor infinita e intratável que ameace, além disso (e aí está o ponto mais trágico dessa situação), agravar a propensão sacrificial do "eu inconsciente" levado a escolher, preferencialmente, a vida, "o amor dos começos"; e, preferencialmente, o abandono dos objetos, a morte psíquica (p. 204).

Em "Figuras da protomelancolia", Jean-Claude Rolland, quase em um retorno ao começo de seu livro, nos envolve novamente com a poesia. Eu o cito:

Sem dúvida, é sofrível para o psicopatologista reconhecer que, ao se centrar – como é dele exigido – na "máquina" psíquica, nas engrenagens do seu determinismo, ele perca de vista a humanidade das artimanhas por meio das

18 APRESENTAÇÃO

quais o sujeito se contenta, consigo mesmo, com aquilo
que o afeta, e sobrevive a isso tudo. Talvez o poeta esteja
na posição diametralmente oposta (p. 222).

Perder de vista a humanidade dessas artimanhas... – muito bom!

Mas, é possível inscrever a humanidade dessas artimanhas na "máquina" psíquica, sabendo que nem toda a artimanha é psico-patologia, ou esta tensão é impossível de se desfazer? O que dói na psicopatologia é ter de admitir a humanidade das artimanhas nas questões do caráter? Como conciliar caráter e psicopatologia? Caráter e artimanhas?

Ainda sobre a questão do caráter, em seguida, J-C faz uma ana-logia entre a "neurótica" e a estrutura íntima do estado psicótico, correlacionando-a com a questão do caráter. Há uma ênfase na questão do caráter no seu trabalho, isto é, nos modos pelos quais o eu responde e reage ao seu sintoma, logo, implicando o seu entor-no. Nesse sentido, a protomelancolia estaria intimamente ligada à questão do caráter.

Isso significa uma cena não "apenas" fantasmática, mas que en-volve um desejo de fusão por parte dos pais que colhe inapelavel-mente a criança. Trata-se de um real que se impõe traumaticamente ao sujeito, impedindo, por essa razão, a operação psíquica através da qual as cadeias associativas se fazem, mantendo o sujeito aprisiona-do no desejo de morrer-com-o-objeto que não se deixa substituir.

Jean-Claude Rolland alcança um trânsito fluido e criativo en-tre a psicanálise e os demais saberes de modo a inventar um lugar onde a existência e os afetos que a colorem ganhem movimento e possa ser percebidos com os olhos da alma.

Concluo com mais uma das belas sínteses oferecidas por Jean-Claude Rolland ao longo de seu livro: "Analisar-se é submeter à prova do luto os caros objetos da infância transgressivamente conservados" (p. 126).

Miguel Calmon du Pin e Almeida

Rio de Janeiro, novembro de 2015

Prólogo

"Os olhos da alma", em vez de "o olho do espírito", foi o que Yves Bonnefoy[1] escolheu para traduzir a expressão que ocorre a Hamlet quando Horácio lhe faz o elogio do finado rei. Despertada a lembrança da grandeza desse pai, ele exclama de modo febril: "Mas eu o estou vendo, Horácio!" E este, que acabara de ser

---

1   *La tragédie d'Hamlet*. Trad. Y. Bonnefoy. Paris: Gallimard, "Folio classique", ato I, cena 2, p. 43. Ainda que a expressão *"The mind's eye"* seja conhecida pelas cenas 1 et 2 do ato I do *Hamlet*, essa metáfora não tem sua origem em Shakespeare. Alwin Thaler realizou o trabalho arqueológico de mostrar que a expressão tem uma pré-história que passa por Spenser, Sidney, Chaucer, São Paulo e Platão (A. Thaler, "In my mind's eye, Horatio", *Shakespeare quarterly*, VII(4), aut., 1956, p. 351-354).

[HAMLET: (...) *J'aurais mieux aimé rencontrer mon pire ennemi au ciel, / Horatio, que de vivre un pareil jour... / Mon père, il me semble que je vois mon père. / HORATIO: Où Monseigneur? / HAMLET: Avec les yeux de l'âme, Horatio."* (*La tragédie d'Hamlet*, op. cit.i, p. 43).

Na tradução de Millôr Fernandes: "HAMLET: [...] Preferia ter encontrado no céu meu pior inimigo / Do que ter visto esse dia! / Meu pai – estou vendo meu pai, Horácio! / HORÁCIO: Seu pai? Onde, senhor? / HAMLET: Com os olhos da alma, Horácio". Cf. W. Shakespeare, *Hamlet*. Trad. M. Fernandes. Porto Alegre: L&PM, 2014; p. 25; trad. modificada [N. T.]].

confrontado com o espectro e quer justamente informar a respeito da sua visão, fica atarantado: "O senhor o vê? Mas como?" "*In my mind's eye, Horatio!*"

Nota-se, sob a ironia do quiproquó, a proximidade dessas duas experiências: Hamlet, com a pungência da dor da morte do pai, viu-o com os olhos do desejo, do amor; e é possível que a sílaba comum a essas duas palavras – "*âme*" [alma] e "*amour*" [amor] – tenha determinado a escolha do poeta-tradutor. Para Horácio, a visão assustadora do espectro se impôs como que por efração. Duas experiências investidas de cargas emocionais opostas e, no entanto, semelhantes por conta do laço que tecem entre olhar e penetração. O olhar do amor perfura a noite com a ausência, se reapodera do objeto desaparecido, desafia a realidade de sua morte. Uma crença primitiva atribui ao morto injustamente assassinado a intenção de desafiar, também ele, a realidade; de violentar o olhar do vivente e de exigir vingança.

Diriam que, por escutar Horácio, Hamlet descobre a visão que o habita. Diriam, então, que a palavra recebida ou ofertada é a condição requerida para que a imagem interior – sinônimo da presença do que ela figura – torne-se visível. A fala faria parte daquilo que se designa por "os olhos da alma". Mas diriam, ainda, que a dor que assola Hamlet convoca essa visão – e, então, essa fala – para tirá-lo da melancolia. Imagem e fala são os gestos da alma, aquilo que lhe assegura mobilidade e liberdade, aquilo que é a sua própria respiração, o instrumento da sua salvaguarda contra os perigos que o afligem. Pois a morte do rei não desvirtua imediatamente o espírito de Hamlet, graças à verve que ele desfralda e à profusão de sua imaginação – contrariamente a Ofélia, cuja alma se dispersa tão logo morre Polônio, o pai dela.

O discurso da tragédia é precioso para compreender o destino ao qual o tratamento analítico compele a fala do analisante. Este, num primeiro momento, fala "de qualquer coisa"; daí, tal como a fada da Cinderela – que faz uma carruagem e uma récua com uma abóbora e seis ratos –, a transferência desvia a sua fala dessa função referencial, transforma-a em um caminho ou em um "veículo" (assim como o shivaísmo designa a montaria sagrada que permite aos deuses o comércio com os viventes); um caminho que o conduz a terras psíquicas por ele desconhecidas, que faz com que ele encontre imagens: algumas vêm de um passado tão longínquo, tão apagado da lembrança que não lhe são em nada familiares; outras, ainda, são de uma época mais recente e encontram melhor sorte. Algumas competem ao fantástico; outras tomam emprestada a banalidade do percepto. Algumas são marcadas por medo ou dor; outras vestem o hábito enganoso dos objetos amados, ainda que perdidos.

Mas, de todas essas imagens, a fala que comanda a "associatividade" do analisante (ela é a última transformação pela qual a transferência lhe faz passar) tem o misterioso poder de identificar o objeto de amor que elas representam: esse objeto dos primeiríssimos tempos, de antes de a história ser diferenciada da lenda; o indivíduo, da díade pai-criança; a língua, do imaginário. Esse objeto edipiano, contemporâneo das origens do humano, cujo conservatório é a alma, só abandona a inconsciência da memória à custa de permanecer irreconhecível em sua forma e de revestir com estranheza.

Dizem que Vermeer consagrava um tempo infinito a compor os seus motivos, ajustando com esmero o lugar atribuído ao seu modelo, acertando a distância que o separava dele, o pintor, e do futuro olhar do espectador; ordenando o espaço em que fica, de costume, uma decoração arquitetônica ou um móvel destinado a acrescentar, à perspectiva assim indicada, uma significação de espírito: uma janela entreaberta de onde irrompe a luz que clareava o gesto da "mulher segurando uma balança", um vão de porta afastando a leitora e sua empregada, um virginal de onde a musicista se desvia para oferecer ao espectador um semblante desfigurado pelo desejo ou pelo medo; mas também rodeando esse ou esses modelos com acessórios que fazem o conjunto de um quarto, luxuosas toalhas de mesa, jarros com curvas sensuais, cadeiras com entalhes de cabeça de leão... E, composto o motivo, ele iria pintar bem rápido: não a cena que assim construiu – essa operação em dois tempos é que nos impõe a hipótese –, mas a visão inacessível "a olho nu" que o conduzira a essa composição, a visão de um objeto outrora amado e perdido de vista.

Para representar picturalmente o espírito dela, tal como a sua lembrança inconsciente o carrega, é preciso que o pintor, em primeiro lugar, a encarne numa pessoa do mundo atual e a travista com uma roupa (um casaco de pele) ou com uma joia (um cordão de pérolas), que não lhe pertencem propriamente (nós os encontramos em diversas telas), mas que evocam um personagem do passado do qual só a lembrança desse detalhe sobreviveu ao esquecimento. Do mesmo jeito que Leonardo da Vinci – Freud viu e deu isso a ver – encontrava, naquilo que o sorriso da Gioconda continha de ternura e de dor, a representação de sua mãe biológica, da qual seu pai o havia tirado. Aquilo que Vermeer pinta não é, portanto, em uma perspectiva realista, "a rendeira" ou "a leiteira" tais como o momento da composição lhes havia inventado o motivo. Ele figura, antes mesmo, uma aparição, um sonho, do jeito que ele nasce dali, quando um desejo reprimido ressurge das cinzas e exige o seu quinhão de satisfação – o que deve definir a inspiração –; um objeto de amor, do jeito que os olhos da alma o encontram na memória infantil, cingido com a lembrança das agonias ou das alegrias que ele engendrara. Dizem, também, que Cézanne passava horas diante da montanha de Sainte-Victoire – se impregnando com a sua presença, com a sua luz, as suas sombras – antes de exclamar "Encontrei o meu motivo!" e de executar a sua obra. Dizem, ainda, que Fra Angelico rezava muito longamente, e especialmente tendo em vista esse exercício, antes de começar a pintar.

Essa temporalidade própria ao movimento criador dos maiores artistas é familiar ao analista. É essa temporalidade que o método analítico (e ele não sabe disso) explora. No tempo da sessão – para o qual a sua imutabilidade e o "ritual" com o qual ela se compromete dão solenidade garantida –, o analisante reúne, primeiro, os "restos" perceptivos disponíveis à sua consciência, as lembranças da vida cotidiana que o esquecimento não apagou. Daí ele os ordena em composições que lhe evocam representações do passado, ou da infância, ou dessa paixão edipiana das origens – representações que, por si sós, não têm diretamente acesso à imagem, muito menos à fala. O trabalho da imagem que resulta disso secundariamente, sobre o que o paciente devaneia no tempo da sua sessão e que não necessariamente chega às suas palavras, as associações verbais que ali se encadeiam varrerão então esses motivos da mesma forma que o olhar do espectador varre a superfície do quadro, conduzido pelas linhas e pelos jogos de massas ou cores que a ele se impõem.

A análise textual ou pictural não serve a um fim estético ou erudito. Ela quer aclarar lateralmente, feito sol baixo, os determinismos que comandam a associatividade na prática analítica: os objetos edipianos convocados pela transferência encarnam na pessoa do analista; daí, nela se representam e, então, aí se desvelam no que se refere às suas identidades e situações históricas. Há, nesse movimento, tanto uma inspiração quanto um trabalho em que se encontra o eco da criação artística. As atividades imagéticas e verbais do espírito que veiculam a primeira repetição transferencial, invisível e muda, de um passado abolido, equivalente à composição pictural, não desembocam, portanto, em uma figuração (para a imagem) ou em uma narração (para as palavras) que se reatariam em continuidade aos objetos que mostram ou dos quais falam. Essa lógica linear que comanda a fala informativa ou a imagem ordinária (a foto 3 x 4, por exemplo) não é moeda corrente no comércio que o espírito mantém com o seu mundo interior.

A partir de uma experiência negativa, mas nutrida por desejo e por fantasias; por uma memória abolida, mas feita de carne, desejo e medo – encriptada, porém, num lugar da alma onde esta não se sabe sendo –, essas atividades garantem a sua reprise em outra cena (outra como a superfície do quadro é com relação à profundidade do interior holandês): a cena do visual, em que a consistência e a sensualidade cintilante da imagem se oferecem à realização do desejo; a cena da fala cujo poder de abstração, de negação e de julgamento autoriza a renúncia. O dramaturgo, o pintor e o analisante recorrem, portanto, aos olhos da alma e a essa temporalidade plural que mescla presente e passado, tempo subjetivo e atemporalidade do inconsciente, para que revivam formalmente (elas nunca cessaram de "ser" em sua própria negação, nem de agir) as figuras da infância (tanto da própria criança quanto dessa criança da humanidade que é o primitivo) repudiadas, aniquiladas pela educação e pela civilização. É apaixonante explorar o que a criação (literária, pictural; toda e qualquer criação) e o tratamento têm em comum que lhes dá o poder de livrar esses titãs da infância das correntes que os reduzem ao silêncio e à obscuridade e, ao mesmo tempo, de livrar o indivíduo da ignorância das suas origens. É a isso que esse livro se dedica: a identificar as forças suscetíveis a desatar, a decompor os estados da alma, os estados de espírito.

1. Apenas uma imagem

"A condição prévia para a imagem é a visão", dizia Janouch a Kafka. E Kafka sorria e respondia: "Fotografam-se coisas para expulsá-las do espírito. Minhas histórias são uma maneira de fechar os olhos"[1].

A *imagem* é um material essencial ao aparelho psíquico; um dos três suportes da vida do espírito: entre a *linguagem*, que nos põe em comunicação uns com os outros – mas que só faz isso –, e a *negatividade do inconsciente*, isto é, o conjunto dessas forças oriundas do corpo ou herdadas da filogênese que nos determinam e nos condicionam, mas que permanecem absolutamente inacessíveis. Na prática, não é possível definir essa categoria particularmente proteiforme das representações mentais que é a imagem: devemos nos limitar a demonstrar sua existência, a localizar sua matéria e sua origem e a circunscrever sua função e seu valor. Todo mundo

---

1   Apud Barthes, R. *A câmara clara*: nota sobre a fotografia. Trad. J. C. Guimarães. Rio de Janeiro: Nova Fronteira, 1984. p. 84.

sabe, de imediato, que é habitado pelas imagens, tanto nos sonhos quanto no pensamento desperto, e que não cessamos de nos alimentar delas por meio do cinema, da música e, até mesmo, das leituras, pois a letra é sempre contígua à imagem, a qual a infiltra, tal como os destroços do *Barco bêbado* de Rimbaud se adornam com "líquenes de sol e muco azulado"[2].

A imagem é a expressão direta, imediata, da sensorialidade; ela é, como esta, proteiforme – aqui: sonora, motivo musical ou rima poética; ali: sinestésica e motriz, gestual ou postural; acolá, ainda: visual. E, neste último caso, que é paradigmático – visto que o uso tende a identificar a imagem à imagem visual –, o seu gênio proteiforme chega a fazer com que a imagem seja ora da ordem do visível, ora do invisível.

Esse paradoxo, essa incongruência, ocupará o cerne da nossa abordagem psicanalítica da imagem. Outra razão, ainda, para não nos entregarmos rápido demais a uma definição da imagem mental deve-se ao fato de que, entre a palavra que ampara a definição e a imagem que seria o objeto dessa mesma definição, reside se não algo de inconciliável, pelo menos certo mal-estar: ser nomeado faz secar a fonte sensorial da imagem – veremos que é justamente nessa propriedade da articulação palavra-imagem, ou interpretação, que repousa uma parte da função psicoterápica do tratamento. Pareceria que é por estar preservada de todo e qualquer contato com

---

2 "Pois eu, barco entre pelos, perdido nas ansas,/Que o furacão lançou num ar sem ave ou voo,/De quem os monitores, veleiros das Hansas/Não pescariam o casco que a água embriagou;/Livre, entre fumos, sob brumas violetas,/Eu que rasgava céu rubro de murado/Que contém, raro glacê dos bons poetas,/Uns líquenes de sol e muco azulado. (A. Rimbaud, "O barco bêbado". Disponível em: <www.adusp.org.br/files/revistas/24/p18_27.PDF>.) [N.T.]

o verbo que a imagem garantiria a sua força de existência ou de insistência. Daquilo que a arte cinematográfica realiza, Godard dizia: "Não uma imagem justa, mas apenas uma imagem"[3]. Pareceria, ainda, que para representar o mais próximo possível o sensorial (e o pulsional que o investe) – o que, como veremos, é a sua função – e para sobrestar a negatividade do inconsciente, transformando o desaparecimento em aparecimento, é preciso que a imagem se isole de toda e qualquer semiologia e, especialmente, da mais performática dentre elas: a língua. A epifania da imagem requer o silêncio do discurso.

Essa alternativa escande o movimento do tratamento analítico: quando o analisando se cala, espontaneamente ou em seguida a uma interpretação, é que uma atividade imagética, um devaneio, está tomando a vez da expressão linguística. O mesmo acontece com o poema, entre a sua escrita e a sua leitura. Retornemos a esta célebre obra, *O barco bêbado*: lendo-a mentalmente ou em voz alta, uma miríade de imagens estoura como fogos de artifício proporcionalmente à destruição do texto que o contém, como se a sua leitura equivalesse à metamorfose das suas palavras em imagens. Daí se deduz que a sua escrita seguiu o movimento inverso – a metamorfose em palavras das imagens inspiradas pela musa – e que esse "barco bêbado", cujos naufrágio e destroçamento produzem o êxtase poético, não é outra coisa que não o próprio poema.

A terminologia que estou introduzindo com a noção de imagem, em sua dupla oposição à língua e à negatividade do inconsciente, não é familiar. A oposição que Freud propôs sobre o mesmo

---

3   Barthes, 1984, p. 845. No original: "Godard disait: 'ce n'est pas une image juste, c'est juste une image.'".

tema é a de *representação de coisa* e *representação de palavra*: para que uma formação psíquica acesse a consciência, é preciso que ela seja constituída por esses dois elementos; isolada, a representação de coisa permanece no estado inconsciente. A ideia muito interessante trazida por essa teoria é a noção de ligação e desligamento entre esses dois estados, que suspeitamos ser obra da pulsão e do recalcamento. Ela resolve muito brilhantemente o que diferencia, no plano estrutural, o consciente do inconsciente. Mas, ao substituí-la pela noção de imagem – a representação de coisa é da ordem da imagem –, moderamos o que a noção tem de metapsicológica – e, logo, de abstrata–; damos um corpo, uma cara e, sobretudo, acrescentamos à diferença estrutural uma diferença tópica. A consciência coincide com o campo da linguagem, enunciável ou não; o inconsciente, com o campo da imagem positiva e negativa. Essa redistribuição de qualidades que definem as instâncias psíquicas não muda a conclusão a que Freud chegou: assim como a representação de coisa, a imagem só acessa a consciência com a condição de se ligar a palavras.

Seria tentador, então, postular que a imagem representa – no plano espacial – o aquém da língua; assim como seria cômodo – em um plano genético – pensar que, no desenvolvimento do espírito, a organização da imagem precede a aquisição da língua. Muito provavelmente essas duas hipóteses são verdadeiras, mas a complexidade da vida e da vida psíquica rejeita esse gênero de oposições definidas demais, nítidas demais. Seria mais exato dizer, com J.-B. Pontalis[4], que o campo da linguagem e o campo da imagem estão numa relação tanto de complementaridade quanto de exclusão. Complementaridade, porque não existiria um sem o outro e porque eles se determinam mutuamente. Exclusão, porque o aparecimento de um

---

4   Rolland, J.-C. *Avant d'être celui qui parle*. Paris: Gallimard, 2006. (Prefácio de J.-B. Pontalis)

convoca não o desaparecimento, mas o apagamento do outro – sua obumbração, para retomar essa palavra antiga da nossa língua – e porque é parte do próprio movimento da vida psíquica fazer com que eles se alternem em razão das necessidades contraditórias que devem assegurar – a relação com a realidade externa, o zelo com o mundo interno. A imagem domina a vida do sono; a vida desperta privilegia a linguagem. Imagem e linguagem diferenciam-se ainda por servirem a duas economias psíquicas.

Dei uma ilustração disso em *Avant d'être celui qui parle* [Antes de ser aquele que fala]. Em uma análise fluida e gratificante, num momento tardio do seu desenrolar, produziu-se uma pequena tempestade: a paciente ficou totalmente silenciosa durante diversas sessões e, depois, não veio a várias. No seu retorno, produziu-se de novo um momento fecundo – a paciente, descobrindo que um espectro, o da sua mãe morta, tinha um papel essencial na relação tão conflituosa que mantinha com o pai; e descobrindo também que "se dissessem para ela, agora, que a mãe dela iria voltar isso seria muitíssimo desagradável, pois estava se organizando sem ela...". Daí conta dois sonhos que incluem o mesmo significante, "beber", analogia que interpreto para ela. Ela mergulha num profundo e longo silêncio, no fim do qual me diz que "tenho mesmo razão", pois um sonho que ela teve muito tempo atrás lhe retornou à memória assim que lhe falei: "estávamos, ela e eu, num bar ou num clube; uma lâmpada estroboscópica emitia uma luz azul, sensual; estávamos bebendo coquetéis de um azul análogo".

A interpretação analógica desenterrou, então, uma formação psíquica organizada como um jogo de imagens, formação que foi fugazmente percebida pelo sujeito no momento da sua produção e que, daí, ficou invisível para ele apesar de a sua eficiência se conservar – não há dúvida alguma de que é justamente o cenário fantasístico que ela encena que provocou sua retirada temporária do trabalho analítico. Eis aqui uma primeira formulação que sustenta a ideia de um aquém: aquém da língua jaz a imagem. Subjacente ao discurso disponível à enunciação flutuavam – entre duas águas, à maneira de um desgarrado – essas imagens oníricas.

Nota-se também que, para que a imagem apareça, é preciso que a fala se cale. O silêncio é a negatividade da fala da qual a enunciação é, ao contrário, a positividade. Mas podemos formular as coisas de outro modo. O que fez surgir a imagem é um procedimento interpretativo, um discurso sustentado pelo analista. Esse discurso incide não nas significações, mas numa operação linguística (uma repetição) que infiltra, como um corpo estranho, a narração/narrativa e que provém dos níveis mais profundos da língua – ali onde os seus elementos são contíguos aos da imagem e a eles se entrelaçam. Tal como afirma Noam Chomsky, "o aspecto de estruturação da linguagem domina e governa sempre o seu aspecto de locução e de nomeação"[5]. Nesse nível, a estrutura da língua não está a serviço da construção de sentido e da comunicação, mas trabalha para localizar e para ligar as formações psíquicas inconscientes. A situação analítica ativa especificamente essa função – mais dissecadora do que narrativa – do discurso, o que se deve reencontrar no relato de sonho, que não é apenas narração da lembrança do sonho, mas transcrição linguística dos seus elementos. A leitura pela fala da imagem negada, invisível, abre-lhe o acesso à visibilidade. "*Lire*" [ler] e "*lier*" [ligar]: entre esses dois verbos, além da sua proximidade linguística, há provavelmente estreitos e obscuros parentescos psíquicos.

A imagem perceptiva que se impõe aos sentidos do exterior

---

5   Chomsky, N. De quelques constantes de la théorie linguistique. In: Bach, E. et al. *Problèmes du langage*. Paris: Gallimard, 1966. p. 14-22.

requer uma ligação com as palavras para ganhar significação, mas não para garantir sua visibilidade. Esta é imediata, sem mediação de palavras – daí, aliás, a sua virtualidade traumática. Com a imagem mental, as coisas seriam de outro modo, assim como, aliás, com a imagem estética em geral. Muitos historiadores da arte – estou pensando particularmente em Daniel Arasse – afirmam que, para ver um quadro, é preciso lê-lo; isto é, que a penetração das suas imagens precisa de uma atividade discursiva, comentário ou discurso interior, acompanhando a contemplação. Devo muito a esses especialistas, tanto pela compreensão do processo interpretativo (eles interpretam as obras de arte como interpretamos o discurso dos nossos pacientes) quanto pela avaliação que fazem da relação da imagem com a linguagem. Vou, então, fazer uma rápida incursão nesse domínio, em razão da sua capacidade de esclarecer a clínica analítica – à qual voltarei em seguida.

Tomemos *As meninas*, de Velázquez. É, à primeira vista, um quadro alegre, glorioso; uma celebração da infância, da família, da realeza. A pequena Margarida da Áustria ocupa-lhe o centro: ela ocupa o posto de herdeira da coroa da Espanha e posa para Velázquez – que tem, então, o posto de pintor oficial da corte e que se situa um pouco à sua direita e atrás da Infanta, num recuo que parece muitíssimo com um destacamento. Do lado oposto a esse destacamento, duas moças, damas de honra que deram o seu nome à obra, contemplam a criança com ternura e, até mesmo, devoção. Esse quadro deu azo a inúmeros comentários dos quais os mais pungentes são os que fizeram surgir, muito progressivamente, detalhes e mais de detalhes; e ele trouxe à visibilidade fragmentos picturais que não se veem a olho nu, não se percebem sem o auxílio do discurso.[6]

---

6   Rolland, J.-C. Allégresse e gravité. In: Pontalis, J.-B. *Le royaume intermédiaire*: psychanalyse, littérature. Paris: Gallimard/Folio essais, 2007. p. 186-212.

Um primeiro – trata-se de Léon-Paul Fargue,[7] ao descrever o vestido com aros no qual a infanta está atarracada como um manequim – viu, e fez ver, a constrição, a própria tortura pela qual o vigor dessa menina estava como que paralisado. Outro – trata-se de Daniel Arasse, ao ler atentamente o enquadramento em que a cena se desenvolve – descobriu, num espelhinho preso à parede do fundo, o reflexo do rosto dos progenitores reais. E, ademais, ao detalhar a maneira como estavam pintados esses reflexos – alguns traços grosseiros de prata sobre um fundo negro –, revelou a profundidade e a crueldade melancólica que esse olhar parental fazia incidir na criança. Um terceiro, por fim, descobre, no acaso de uma leitura, que a pequena infanta morreu poucos meses depois que essa cena havia sido pintada. A morte prematura era frequente entre essas crianças sacrificadas cedo a serviço da corte e da dinastia. E, aclarado por essa afirmação, o autor observa – e faz com que se observe – o amuo amargo que abisma a boca da menina e anuvia o seu belo rosto.

Sob o fulgor impecável da imagem manifesta designada pelo título *As meninas* – ou *O quadro da família* (é assim que ele se chamava inicialmente) –, o comentário que acompanha a contemplação, a escuta da visão, fez aparecer uma imagem inversa, sombria, enganosa – não mais do filho rei, mas do filho servo ou do filho morto. Em uma espécie de versão negativa que o pintor, pela transferência que estabelece com seu modelo ou a ternura que dirige a ele, percebe de forma visionária, e que nos faz compreender que o recuo, o passo para o lado pelo qual ele se autorrepresenta à distância e assimetricamente em relação ao seu modelo, dá ao quadro uma perspectiva dolorosa que testemunha o trabalho de luto que o ato pictural secretamente realiza, da mesma forma que

---

7   Fargue, L.-P. Vélasquez. In: _____. *Les demi-dieux*. Paris: Au divan/Éditions du Dimanche, 1946.

a escrita literária. Da poesia de Mallarmé, Jean-François Lyotard escrevia:

> *O movimento de eliminação ("Eu criei a minha obra apenas por eliminação", "A destruição foi minha Beatriz", esclarecia o poeta) é a realização da perda do objeto sem a qual não há literatura alguma. Esse engodo, essa falcatrua que é a ficção poética, essa divina transposição do fato em ideal situam-se num espaço vago de onde as constrições da sensibilidade, no sentido kantiano, e a da linguagem de articulação são eliminadas [...] A poética de Mallarmé parece levar ao seu termo a propriedade fundamental da linguagem, que Saussure elaborava ao mesmo tempo: o arbitrário do signo em relação ao objeto que ele significa.*[8]

Retornemos à situação clínica evocada há pouco. O que não concebi, quando as imagens do "sonho do coquetel" surgiram no seu discurso e na minha escuta, é que, no momento em que essa moça começou sua análise, meu consultório tinha uma nítida dominância azul. Depois, na sequência dos trabalhos, ele mudou de cor. Foi só escrevendo, muito tempo depois de essa sessão ocorrer, que a coisa me saltou, literalmente, aos olhos. Faltaram-me as palavras que então me teriam permitido ler, e dizer a ela – por trás da feliz realização de desejo da imagem imediata (beber com "o analista pai" um coquetel numa boate, à noite) – outra imagem, invisível a olho nu, representando negativamente "o que foi e não é mais". Tampouco, pois, a realização do desejo, mas a sua renúncia. Como se, pelo mutismo que comandou naquela hora o meu silêncio, eu tivesse que-

---

8   Lyotard, J.-F. *Discours, figure*. Paris: Klincksieck, 1978.

rido lhe poupar essa renúncia, retardá-la; e isso bem no momento em que, pela primeira vez, ela está sustentando vigorosamente o seu desejo de fazer o luto da sua mãe morta. Como se – é preciso cogitar – fosse essa renúncia que ela mesma retardava ao se calar ou não vindo a um número significativo de sessões, conservando a imagem como substituta do objeto edipiano precioso. Se há, pois, no plano espacial, um campo da imagem convocado a se apagar no campo da linguagem, há também, no plano temporal, um tempo da imagem – que revogará o tempo da fala.

O fato de a imagem tolerar revestir dois estados tão opostos, quanto à visibilidade e à invisibilidade, tem grandes consequências para o aparelho psíquico. Isso lhe confere uma dupla pertença: ao inconsciente e, contanto que se ligue às palavras, ao pré-consciente. Ela oferece às formações inconscientes um suporte ideal para transitar para a consciência. Pois essa dupla natureza lhe permite se ajustar, pela sua invisibilidade, à negatividade do inconsciente; e, pela sua visibilidade, à positividade da representação do objeto na vida consciente. A imagem é um dos meios da inversão no contrário, que é a operação absolutamente inicial do retorno do recalcado e do devir consciente. Freud ficou impressionado com isso, daí a sua insistência em formular que o sonho e o inconsciente não conhecem nem a negação nem o "não". Já eu fico impressionado com a insistência – tão forte quanto, mas mais desajeitada e tímida – que ele dirige à inversão no contrário no trabalho de figuração, de presentabilidade do sonho[9]. A imagem nascida de uma operação como essa, que o tratamento ativa tanto quanto o sonho é um meio extremamente precioso de figuração das formações recalcadas; o tempo da colocação em imagens, o que chamo de imagético (*imageant*), é esse tempo de incubação que é preciso, tanto para o analisando quanto para o analista, suportar – pacien-

---

9   Freud, S. *A interpretação dos sonhos*. Trad. R. Zwick. São Paulo: L&PM, 2013.

te, silenciosa, até mesmo dolorosamente – antes que a atividade de fala venha tomar o seu lugar. Tentemos ilustrar esse ponto com uma anedota extraída da clínica quotidiana.

Esta outra paciente apropriou-se admiravelmente do método analítico; sente-se preenchida pelos benefícios que ele lhe traz e tem claramente muito prazer nesse exercício. De minha parte, não posso deixar de notar a extrema reserva da sua fala. Essa reserva se dá por uma estratégia dupla. Por um lado, ela é frequentemente – e, frequentemente, por muito tempo – silenciosa; por outro, a sua fala, entrecortada por inúmeras interjeições, se estica demais, como que preocupada em evitar a enunciação dos conteúdos de pensamento. Essa situação não tem, contudo, nada de estranho: ela ficou arrasada com a morte violenta de sua mãe e lhe é impossível, por ora – ela diz isso claramente –, esboçar o seu luto. A reserva da sua fala é, pois, comandada pela conservação desse precioso objeto. Ela dispõe, em contrapartida, de muita pugnacidade – e nisso ela é muito vivaz – com relação aos homens dos quais suspeita rebaixarem as mulheres. Seus alvos preferidos foram o irmão, na infância, e depois o pai, no início do tratamento; agora, o marido. Há muito de jogo nessa vigorosa "inveja do pênis", que se mantém em ponto de bala. O exemplo escolhido estende-se por duas sessões.

Na primeira, ela chega muito atrasada: assinala isso de forma rude; não pede desculpas. Teve, diz ela, de resolver uma disputa entre os seus filhos – designando-os somente como "o menino e a menina". Ficou orgulhosa por ter resolvido tão bem o problema. Não se ludibria quanto ao fato de essa disputa ter uma ligação com aquela que ela teve com o marido o fim de semana inteiro. Eu noto: é a mesma ideia de menino e menina, o marido dela e ela. O marido, com efeito, reprova o sentimento de superioridade dela, a sua tendência a ser intransigente. Eu digo: *seria a ideia de ser intransigente, chegar atrasada.* Segue um silêncio bem longo, desse tipo de que tenho sempre a impressão, ao escutá-lo, que é o efeito da interpretação analógica e que corresponde à ativação do trabalho psíquico estrutural que os significantes operam nas formações inconscientes. Ao fim dele, diz que pode ser, com efeito, uma forma de desvalorizar o analista e também a análise, que precisa de tempo. Mas, acrescenta ela, o senhor é forte e não fica desestabilizado com isso – diferentemente do filho e do marido, que são pouco seguros de si e rapidamente afetados. Faço a observação de que *eu seria o contrário deles e que ela poderia estar pensando em mim, ao pensar neles.* Essa interpretação aponta o alvo da operação psíquica da inversão no seu contrário realizada pela fala, não a sua significação.

Na sessão seguinte, à qual chega mais uma vez atrasada – um pouco menos –, ela retorna à disputa dos filhos, como se esta não tivesse perdido nada da sua atualidade: esclarece que teve de gritar mais forte do que eles, que pegou um chinelo e os ameaçou. Para ela, é claro, não passava de um jogo; mas ela bem viu, nos olhos da sua filha, que ela teve muito medo, teve medo de uma forma anormal. No momento preciso do seu discurso, uma imagem se impõe a mim: a de uma "bacante" em transe, em fúria – imagem mitológica que vem dar estofo, acompanhar, dramatizar a narração dessa inocente cena doméstica. Ela acrescenta que o menino quer impor a lei dele, não deixar nada para a menina; que ele se identifica com o pai, o qual faz uma imagem das mulheres como sendo perigosas – e a criança carrega isso consigo. Pontuo que *ela teria pensado justamente nessa visão desse pai, ao pegar o chinelo.* Longo silêncio; daí ela diz que se sente impotente no que se refere a fazer o filho entender como as relações entre meninos e meninas devem ser... Eu intervenho: *seria o contrário de ser impotente, pegar o chi-*

nelo. Ela evoca então os seus sogros, que veem as noras como de-mônios e incumbiram os filhos deles desse fardo... *Seria, digo eu, a ideia de ser um demônio, o chinelo; você teria pensado também neles nessa cena.* De novo o tipo de silêncio evocado há pouco. Você consegue escutar isso sem reclamar; eles, não... As interpretações, escandindo o discurso associativo, desfolham as camadas dessa imagem bastante sobredeterminada e fazem com que apareçam os diferentes objetos aos quais ela está destinada.

> *Eis um interessante contraste no comportamento dos dois sexos: na situação análoga, quando o garoto avis-ta pela primeira vez a região genital da menina, ele se mostra inicialmente indeciso, pouco interessado; ele nada vê, ou renega sua percepção, enfraquece-a, busca expedientes para harmonizá-la com a sua expectativa [...] Com a menina é diferente. Num instante ela faz seu julgamento e toma sua decisão. Ela viu, sabe que não tem e quer ter.*[10]

É possível que a diferença dos sexos afete o estatuto da visão e, logo, da imagem; reencontraremos esse motivo a propósito de Salomé[11]. Mas, se quero conceber a figura correspondente a essa "fantasia de menina descobrindo a diferença dos sexos", tal como Freud rascunha admiravelmente neste texto tardio (1925) intitula-do "Algumas consequências psíquicas da diferença anatômica entre os sexos"[12], é essa imagem que eu escolheria. Pois é uma imagem

---

10   Freud, S. Algumas consequências psíquicas da diferença anatômica entre os sexos. In: _____. *Obras completas*, v. 16. Trad. P. C. de Souza. São Paulo: Companhia das Letras, 2011. p. 290-291. [N.T.]

11   Ver Capítulo 3. [N.T.]

12   Freud, S. Algumas consequências psíquicas da diferença anatômica entre os

como essa – refletindo esse pênis perdido e nunca possuído, que o desejo e a dor construíram conjuntamente – que teve de sucumbir, na menina que ela um dia foi, ao recalcamento ou à clivagem; e que, sob o jugo da transferência, da rememoração inconsciente e da regressão, figura-se distantemente nessa cena forte e pitoresca – iniciada, pode-se apostar, no fato de ela estar em análise – endereçada ao analista para que ele acompanhe, primeiro, a sua elaboração e, ulteriormente, o seu reconhecimento. O disfarce irônico do pênis como chinelo testemunha que a imagem vale, aqui, menos como representação do que como presença, completude consoladora do objeto perdido. A figuração serve aqui, exclusivamente, ao princípio do prazer. Freud tem razão em dizer que a alucinação negativa precede necessariamente a alucinação propriamente dita. A ausência, a falta, o desaparecimento do objeto desejado, amado são, em primeiro lugar, negados; depois essa negação é substituída pela sua imagem. É essa operação psíquica, efeito da transferência, que a "atitude com o chinelo" expressa. Ela teria podido se transformar num sonho.

Esse poder que a imagem tem de presentificar o objeto sexual precioso, apesar da sua perda, correndo o risco de desviar o aparelho psíquico do princípio da realidade; esse poder, então, é (parcialmente) tirado dela pela sua ligação com a linguagem. Aí está o segredo da inibição da alucinação, problema que permaneceu enigmático para Freud. Nada está claro nesse ponto, mas certamente é o sonho que realiza essa função de ligação, de tecelagem dos materiais da imagem e da língua – uma função para a qual o tratamento, nas situações neuróticas, dá todo o seu alcance, mas

---

sexos. In: _____. *Obras completas*, v. 16. Trad. P. C. de Souza. São Paulo: Companhia das Letras, 2011. p. 283-299.

que, nas situações psicóticas, ele deve primeiro restaurar. No processo do sonho, graças à regressão psíquica, produz-se uma dissociação de certos significantes dos seus significados oficiais; e a adição, nessa ocasião, de significados novos que representam as formações inconscientes.

Com essa trama feita pela língua, a imagem se encontra apagada e eliminada – como vimos com o retrato da infanta, cuja desolação o comentário faz surgir cada vez mais. Um comentário a respeito do qual é preciso pensar que ele segue, como que em eco, o discurso interior que guiou o pintor em sua execução. Ali onde a imagem contorna melancolicamente a perda, a fala continua paradigmática de um trabalho – árduo – do espírito. Walter Scott conta que os primeiros europeus que chegaram à África, impressionados com a semelhança dos macacos com os homens, perguntaram aos indígenas por que é que esses macacos não falavam. "Porque eles têm medo de que os ponham pra trabalhar", foi o que lhe responderam.

A distância entre imagem e linguagem, no que se refere à relação delas com o afeto – cujo excesso ou cuja dessexualização são determinados pela conservação do objeto ou pelo seu abandono – surge com uma força surpreendente na análise que Daniel Arasse dá da *Anunciação* (dita *de Cortona*) por Fra Angelico[13]. O que é particular nessa obra – simultaneamente com relação às outras *Anunciações* do mesmo pintor e com relação ao grande número de *Anunciações* executadas entre os séculos XIII e XV (fazendo supor que uma necessidade compulsiva de figuração animava esse período) – é que o diálogo angélico está inscrito ali em letras douradas,

---

13   Arasse, D. La vierge échappe à toute mesure. In: _____. *Histoires de peintures.* Paris: Denoël, 2004. p. 87-98.

acrescentando-se às figuras tradicionais do arcanjo, à esquerda, segurando o lírio, e da Virgem, à direita, sentada na soleira do seu quarto. A anunciação do anjo está escrita normalmente, da esquerda para a direita; a resposta da Virgem, ao contrário, vai da direita para a esquerda – e a sua escrita está invertida. Logo, só se pode decifrá-la pelo reflexo num espelho ou olhando o quadro de ponta-cabeça. Suspeita-se que o pintor, com essa estratégia, estivesse desviando a língua de sua natureza própria, utilizando-a de forma decorativa ou ornamental, reduzindo-a a uma imagem.

Só que tem algo mais aí. Na resposta da Virgem – que é, segundo a tradição, "Eu sou a serva do Senhor; faça-se em mim segundo o teu Verbo" – falta o fragmento *fiat mihi secundum* (faça-se em mim segundo), fragmento particularmente importante, visto que nomeia especialmente a encarnação, a própria finalidade desse momento, teológica e emocionalmente capital, instaurador da pessoa de Cristo, repetição do *fiat lux* do Gênese, e que assinala a realização da Trindade. Mas, com relação a esse fragmento, Daniel Arasse mostra que, justamente, ele não está abolido; que ele só está escondido pela imagem da coluna que separa o anjo e Maria. A imagem, aqui, substitui o verbo. Na iconologia medieval, a coluna encarnava o Cristo, e todo mundo na época, nutrido por esse simbolismo, recebia a imagem conforme esse valor. A substituição da letra pela imagem vale como retorno da abstração na realização concreta do desejo religioso.

Na época em que Fra Angelico pintava, a pintura estava começando a se desprender da sua fonte e da sua missão sacra. Mesmo que continuasse restrita aos motivos religiosos, vemos que ela buscava uma semiologia que lhe era própria e que privilegiava a arte da perspectiva e da representação. Enquanto pintor, Fra Angelico tinha os meios para essa busca; ele foi, inclusive, um dos seus principais instigadores. É provavelmente nesse artista que Rainer Maria Rilke está pensando quando escreve o seguinte:

> *Mesmo que tenham criado dez mil vezes madonas e santos, mesmo que alguns deles tenham pintado em vestimentas de monges e ajoelhados, e que até hoje as suas madonas realizem milagres: todos eles possuíam apenas uma única fé, e uma só religião ardia em seus corações – a busca nostálgica de si mesmos. Seus maiores arrebatamentos provinham das descobertas que faziam em seu íntimo. Trêmulos, eles as erguiam para a luz. E como naquele tempo a luz era impregnada de Deus, Ele aceitou as suas oferendas.*[14]

Enquanto religioso, o seu apego ao dogma o impele, pelo contrário, a retornar à força icônica da imagem, à imagem não como representação, mas como presença. Pela sua feitura – pelo uso do ouro e a presença de legendas –, essa obra pertence à tradição ortodoxa, já muito remota no momento da sua execução. O apego à Virgem, que o dominicano puxou à tradição de Tomás de Aquino – daí seu nome: Angélico –, leva-o a se subtrair da abstração escritural, a engrenar pontualmente numa regressão técnica e a fazer desse próprio elemento da arquitetura o significante não verbal do corpo da Virgem, a Virgem como templo... Tanto é verdade que, na época, o crente, passando diante de uma *Anunciação*, se ajoelhava, fazia o sinal da cruz e recitava uma "Ave Maria"...

---

14 Rilke, R. M. *O diário de Florença*. Trad. M. Fleischer. São Paulo: Nova Alexandria, 2002. p. 40. (Trad. modificada.)

O que, nessa análise, esclarece a minha prática analítica é o fato de que o entendimento do sonho, tal como Freud explicitou no capítulo VI de *A interpretação dos sonhos*, procede exatamente da mesma forma: os pensamentos do sonho, *Traumgedanken*, restos verbais da atividade diurna carregados de investimento sofrem, quando são apropriados, sob o jugo do desejo e da nostalgia edípica, uma transformação em imagens como essa. Como os movimentos da maré, abstração linguística e regressão imagética marcam o compasso, entre princípio do prazer e princípio da realidade, da vida anímica.

2. A língua do sonho

A noção de "língua do sonho" continua sendo um ponto espinhoso na teoria freudiana. As referências às noções de transferência e tradução, de hieróglifo e rébus, às quais o autor de *A interpretação dos sonhos* recorre para compreender como as "imagens do sonho" adquirem o estatuto de expressão do desejo inconsciente – por transposição e dissimulação de pensamentos latentes, que, por sua vez, são do foro da língua ordinária materna do sonhador; essas referências deixam a desejar! À luz dessa teoria tenderíamos a pensar que o trabalho do sonho recorre a uma linguagem primitiva, ideogramática ou icônica, como aquela que Champollion decifrou a partir da pedra de Roseta; mas também como aquelas das quais várias civilizações arcaicas deixaram resquícios consideráveis: por exemplo, as inscrições sagradas dos túmulos astecas ou as estelas maias.

Acaso estamos diante do mito de uma *Ursprache*, de uma "língua fundamental"[1], que a vida onírica recolocaria em atividade?

---

1   Uma noção que Freud descobrirá na leitura das *Memórias de um doente dos*

46 A LÍNGUA DO SONHO

Há necessariamente um fundo de verdade nessa posição do pensamento freudiano, que, além do mais, é coerente com duas outras asserções do autor: aquela segundo a qual o sonho não inventa nada e que – ainda que retire o seu material expressivo dos restos perceptivos da vida de vigília (os restos diurnos) – ele empresta o seu fraseado, a sua sintaxe, das organizações arcaicas, fósseis da vida do espírito; aquela segundo a qual a vida do espírito conserva indefinidamente cada uma das etapas da sua evolução e permanece em condições de reativá-las regressivamente.

Talvez fiquemos mais perto da realidade ao encararmos essa língua do sonho como uma língua codificada, amparando-nos na diferença que separa, de um lado, o *glifo* – que caracteriza o ideograma próprio a certas escritas primitivas – e, do outro, o *rébus*. Este compete a um segundo jogo com a língua natural e consiste em misturar, tirando-as do seu contexto semântico, certas imagens e letras para formular uma mensagem cuja legibilidade permanece intencionalmente obscura e só se dá pela ulterior restituição das operações mentais que organizaram a sua construção. Numa leitura imediata, o rébus é incoerente – ele só encontra a sua significação caso eu descubra a totalidade das substituições às quais o autor recorreu para compor sua mensagem enigmática –, enquanto o conteúdo da ideia da inscrição hieroglífica, com a sua tradução, encontra significação na língua do seu leitor.

---

nervos do Presidente Schreber e com relação à qual, contrariamente a Jung, permanecerá reservado. Schreber atribuía a essa *Ursprache* a mesma origem sagrada que, por muito tempo, os egiptólogos atribuíram às escritas hieroglíficas: "a língua falada pelo próprio Deus, [...] um alemão algo arcaico, mas ainda vigoroso, que se caracteriza principalmente por uma grande riqueza de eufemismos [...]". (Schreber, D. P. *Memórias de um doente dos nervos*. Trad. M. Carone. Rio de Janeiro: Edições Graal, p. 32 [N.T.])

Adoraríamos, em todo caso, que assim fosse. Infelizmente, e sem dúvida porque estamos explorando aqui veios tão obscuros da alma – como o são os restos de civilização resgatados pelas escavações arqueológicas –, a distinção entre esses modos expressivos não é assim tão simples. Os arqueólogos, especializados no estudo das civilizações egípcia ou maia (bastante afastadas no tempo e no espaço, e que nunca mantiveram a menor relação entre si), tendem a identificar glifos e rébus, a designar indiferentemente um ou outro termo, assim como faz Freud com as produções do sonho – as inscrições funerárias ou sagradas permanecendo, muitas delas, ainda indecifráveis.

Essa indecisão ou imprecisão terminológica é totalmente intencional e se fundamenta no seguinte fato: nessas civilizações arcaicas a escrita possuía apenas acessoriamente a função de expressar ou comunicar um pensamento ao seu virtual leitor. Atribuía-se a ela o valor mágico de dar vida àquele de que se falava (o morto amado), assim como o de obter daquele a quem se dirigia (o deus) o atendimento de uma súplica. A título disso, a escrita ficava próxima da escultura e da pintura (que almejavam encarnar o que figuravam) ou da arquitetura (que aspirava restaurar o mundo). Ademais, e muito frequentemente, a escritura se intricava de modo estreito a essas produções – a beleza formal dos seus ideogramas provendo, ao conjunto sagrado, um suplemento de devoção e de estética.

É assim, por exemplo, que os egípcios – que, ao que parece, tinham horror ao vazio – não titubeavam, em certas inscrições, em desdenhar a ordem lógica da frase e em submeter os caracteres hieroglíficos a uma composição estritamente determinada por um esmero decorativo ou por uma preocupação de preeminência – o nome do rei ou do deus, seja lá qual fosse a sua posição no fraseado, ocupando na inscrição o primeiro lugar! Esse procedimento (onírico) chamado metátese tornou indecifrável, por muito tempo, certo número dessas inscrições[2].

O ensinamento desses arqueólogos nos incita, então, a ter mais tolerância com a nossa irresolução em dar à língua do sonho um estatuto preciso. É a aposta que quero fazer aqui. A língua do sonho evoca a reativação de uma língua primitiva, graças à regressão do sono, que, além disso, reconduz aquele que dorme a uma etapa da filogênese a que o homem ainda não teria tido acesso ao despertar – no sentido da consciência[3] –: *uma língua arcaica que seria, pois, para traduzir*. Ela evoca, ao mesmo tempo, o rébus como paradigma de uma linguagem codificada – ou iniciática, ou esotérica – constitutiva de uma mensagem precisa, endereçada a um interlocutor preciso, mas que deve permanecer secreta em se considerando uma instância terceira, decretada intrusa – ou, até mesmo, inimiga –: *uma língua secreta que seria, por sua vez, para interpretar*. Ela evoca uma estética que privilegiaria a imagem (tal como faz o poema em relação à língua mundana), menos como signo (para decifrar) que como manifestação de devoção ou de adoração pelo

---

2   Davies, W. V. *Les hiéroglyphes égyptiens*. Paris: Éditions du Seuil, 2005. Baudez, C.-F. *Les Mayas*. Paris: Les Belles Lettres, 2004.

3   Assim escreve Pierre Fédida em "Le rêve a touché au mort" [O sonho teve contato com o que está morto]: "No sono, assim como na multidão, eu sou 'qualquer um' – 'todo mundo' porque não participo da comunidade do *logos*. O que caracteriza a pertença à multidão é o equivalente do 'estar adormecido'. A comunidade do *logos* faz com que o homem passe da individualidade à universalidade" (In: *Crise et contre-transfert*. Paris: PUF, 1992, p. 42). [Fédida faz referência, aqui, ao "Fragmento 26" de Heráclito: "De noite, o homem acende uma luz para si próprio, ao se lhe extinguir a visão. Em vida, está em contato com o que está morto, quando dorme; e com o que dorme, quando acordado." Cf. G. S. KIRK et al. *Os filósofos pré-socráticos*. Lisboa: Fundação Calouste Gulbenkian, 1994. p. 213. modificada) [N.T.]]

objeto ao qual ela é endereçada: *uma língua amorosa que seria para ouvir e partilhar*. E isso tudo ao mesmo tempo.

Arcaísmo, codificação e estética, constitutivos dessa língua, revelam as diferentes funções a que o trabalho do sonho visa. E, como garantia dessa aposta, podemos propor muito simplesmente o uso empírico que o sonho, e o seu relato, encontram na situação analítica – ora como oferta ao analista na transferência e na memória que ele guarda dos objetos perdidos, ora como abertura para o *infans* e seus vestígios mnêmicos; ou ainda como resistência à suspensão do recalque e ao trabalho de decifração que estes operam.

Sobre o alicerce arcaico da língua do sonho há pouco a dizer, porque a evolução da prática analítica ainda não está em condições de penetrar nessa profundeza, ainda que seja lá que se situe a reserva mais fecunda para a compreensão dessa instituição, simultaneamente fóssil e viva, da atividade onírica. Poucos autores se aventuraram nisso, excetuando Piera Aulagnier – em seus trabalhos sobre o pictograma, com aquilo que ela chama de "processos originários"[4] – e, numa perspectiva mais heurística de saliência do pensamento interpretativo, Pierre Fédida – para quem considerar a filogênese é "o pré-requisito necessário a toda psicoterapia".

É certo que o sonho – pela posição estratégica que ele ocupa na vida psíquica entre vigília e sono, sensorialidade e pensamento, percepção e alucinação, inconsciência e consciência, normal e patológica – constitui o lugar ideal para que o mais desconhecido da vida anímica se manifeste; para que a compulsão à repetição, para a qual é impelida toda e qualquer formação psíquica que não

---

4   Castoriadis-Aulagnier, P. *La violence de l'interprétation*. Paris: PUF, 1975.

dispõe de acesso natural à figuração, ache por onde se representar. Tudo o que estaria banido da vida psíquica superior encontraria, assim, no sonho, um refúgio que ampararia o aparelho psíquico na difícil negociação dos conflitos que o afligem. É por isso, sem dúvida, que geralmente os homens adoram os seus sonhos – considerando-os o seu bem mais precioso – e atribuem a eles a crença de conter e proteger a sua verdade mais inalienável.

Os indícios filogênicos mais distantes, os restos das experiências ontogênicas mais precoces constituiriam o fundo escriturário a partir do qual o sonho declinaria todas as versões expressivas que a língua mais contemporânea de que ele dispõe no momento da sua produção lhe autoriza. É por isso que esse fundo escriturário nunca aparece enquanto tal; é recoberto pela expressão nova que ele inspira – da mesma forma que o advento do copta fez da língua faraônica, da qual era diretamente oriunda, uma língua morta que logo ninguém mais escrevia e, naturalmente, não se compreendia mais.

E, no entanto, é a esse fundo escriturário que o sonho realizado deve ao ser aquilo que ele é – quanto ao ilogismo aparente da sua forma; quanto à repetitividade da sua estrutura; e, sobretudo, quanto aos limites da sua decifração. Os glifos – aos quais podemos assimilar os vestígios que o "muito precoce" da história do indivíduo, bem como o "muito distante" da história da espécie deixaram no psíquico – ainda não encontraram tradução nas línguas que lhes sucederam. A experiência da qual esses vestígios são testemunhas (percepção do mundo, representação do ser que é dela o ator) continua excluída das línguas ou da psique "atual". A entrada desses glifos fósseis na língua nova requer uma extensão da língua de chegada, a invenção de novos morfemas, talvez até uma reorganização sintática; sem dúvida alguma, uma mudança, nem que seja mínima – se não de civilização, ao menos de mentalidade. Comentando os *Estrômatos*[5] de Clemente de Alexandria, Jean Daniélou observa:

> *O grego cristão representa o encontro de duas linguagens radicalmente heterogêneas – o grego, que é uma língua indo-europeia, e o hebraico, que é semítico. Ele é, a rigor, a tradução grega de concepções semíticas. Isso está na origem de uma língua original, toda diferente do grego clássico, sob a aparente similitude dos vocábulos. Mais precisamente, ela é a expressão grega de um pensamento religioso que se manifestou, primeiro, em categorias semíticas.*[6]

O auge da resistência à interpretação do sonho reside nesse ponto preciso. Trata-se de uma resistência à mudança psíquica para a qual conflui tanto o conservantismo das formações arcaicas quanto a aversão que elas suscitam nas instâncias racionais do ser. É possível que em nossa prática analítica – em prol do incessante trabalho com o sonho, que é, com frequência, o pão nosso de cada dia – aconteçam mudanças como essa, cujas medidas teóricas nunca tiraremos. Mas é difícil dar exemplos concretos disso.

Duas circunstâncias bastante específicas nos permitem roçar, à distância, a realidade obscura dessa etapa umbilical do funcionamento do sonho. A primeira concerne à questão das identificações inconscientes presentes no superego parental, transmitidas

---

5   *Stromata*: termo latino para o grego *Stromateis* (Στρωματεῖς), que significa "miscelâneas". É o terceiro livro da trilogia escrita pelo autor sobre a vida cristã, na sequência de *Protrepticus* [Protréptico] e *Paedagogus* [Tutor]. [N.T.]

6   Obra coletiva, *Le grec chrétien* [coleção *Les écrivains célèbres*]. Paris: Mazenod, 1963. p. 189.

tais quais, inconscientemente, à criança. Num caso já relatado[7], mostrei como um analisando descobriu, quando de um sonho, o quanto enquanto era criança a sua mãe lhe parecia habitada pela memória do próprio pai – do qual parecia que era proibido falar. O mesmo sonho o levou a reencontrar lembranças recorrentes e angustiantes em que presenciava impotente verdadeiras ausências dessa mãe, que, esquecendo-se de tudo – dos seus, das suas tarefas –, punha-se a "fazer consertos", igualzinho ele havia visto o avô fazendo antes de morrer. Certo número das suas próprias condutas, tão impulsivas quanto ininteligíveis, se esclarece então como efeito dos vestígios de um patrimônio transgeracional que somente o sonho torna visível.

A segunda circunstância é com relação às marcas deixadas na criança pequena pela percepção – assustadora e pesada em consequências para a unidade psíquica – da diferença dos sexos. Uma paciente relata um sonho "de disputa" bastante desagradável, quase um pesadelo. Ela o conecta imediatamente ao transtorno que lhe ocasionou, na véspera, o fato de ter obedecido novamente aos seus ritos alimentares – recusou-se a comer junto com seu companheiro e, depois, às escondidas, devorou as sobras dele; e, daí, forçou o vômito... Ela associará, mais adiante, com a sensação de carência que tem experimentado com relação a ele, assim como com relação a mim (iremos nos separar para as férias). Daí se revela que uma sensação de vergonha ligava essa conduta alimentar e o sonho dela, para o qual, na minha construção, um traço mnêmico perceptivo (um glifo) – ainda indecifrável e relativo à diferença sexual e à inveja que a acompanha – serve de suporte escriturário.

---

7   Rolland, J.-C. *Avant d'être celui qui parle*. Paris: Gallimard, 2006. p. 126-127.

Com efeito, a situação analítica não é o lugar ideal para uma exploração dos determinismos mais profundos do processo onírico. Ela deve muito ao sonho, no sentido de que reproduz a sua dinâmica e explora o seu trabalho de figuração, mas só toma emprestado dele o que é necessário ao seu próprio fim. Felizmente, ela não é um laboratório experimental: ela explora do sonho relatado o que for útil para resolver os conflitos que compelem o analisando a se analisar; e, uma vez que o relato tenha fornecido sua contribuição ao enigma transferencial do momento, ele é abandonado. Uma postura "utilitária" como essa está totalmente justificada; ela permanece coerente com o espírito do sonho, com a sua fugacidade, sua evanescência, que fazem dele – assim como uma nuvem de formas estranhas, se deslocando lentamente no vazio do céu, fascina o olhar da criança – um espetáculo encantador que inicia, no efêmero, um encontro com um além do quotidiano.

Mas, daí, uma questão se coloca para nós: qual seria o lugar ideal para uma exploração científica, desinteressada, das operações constitutivas do sonho? A autoanálise a que Freud se submeteu tão escrupulosamente e à qual devemos o essencial do material em que se fundamenta *A interpretação dos sonhos*? – mais tarde compreenderemos os limites desse exercício, em que falta a presença de um interlocutor suscetível de fazer aparecer o objeto ao qual todo sonho está necessariamente endereçado. Certas formas de criação literária tais como empreenderam os românticos (Gérard de Nerval, com *Aurélia*[8], ou Novalis)? – mas estas não resolvem em nada o enigma do sonho; elas não fazem nada além de transpor, para um nível superiormente poético do discurso, a sua estranheza. Incontestavelmente, caso quiséssemos fazer com que se restituísse ao sonho a sua alma, seria preciso instituir uma práxis nova, inventar um lugar novo. Mas é o que queremos?

---

8   Nerval, G. de. *Aurélia*. Trad. P. Hecker Filho. Porto Alegre: L&PM, 1997. [N.T.]

O sonho não é somente a atividade psíquica do sono; ele é o recurso concedido ao sonhador para reatar um laço com os objetos aos quais, de um modo bem pouco sincero, ele teve de renunciar na vida desperta. Assim, representa um refúgio onde todas as nostalgias do ser encontram conforto. Todo sonhador fala de um objeto; realiza através do seu sonho o desejo que a perda desse objeto frustrou. Esse é um ponto ao qual não tem serventia retornar, de tanto que Freud o teorizou explicitamente. O sonho é realização de desejo, ainda que possa ocorrer, em determinadas circunstâncias "traumáticas", de ele só se manifestar em sua forma mais rudimentar, preparatória, da instalação do princípio de prazer. Os sonhos, a exemplo dos pesadelos – nos quais se reproduzem repetitivamente situações de pavor, de perseguição, de dor ou de fracasso –, manifestam claramente o papel que incumbe a eles, quanto à inversão em seu contrário dos movimentos melancólicos que orientam a vida anímica rumo a uma identificação mortífera com os seus objetos perdidos.

Compreende-se o lugar que a atividade onírica ocupa no trabalho de luto. O belo sonho da "criança queimando", que abre o sétimo capítulo de *A interpretação dos sonhos* – pelo qual um pai afligido pela morte de seu filho posterga a sua dor –, é um exemplo surpreendente disso. "O sonho teve contato com o que está morto", escreve J.-B. Pontalis. E é certo que nenhuma outra atividade psíquica está em condições de nos revelar, de maneira tão clara e tão trágica, o estreito intrincamento que mantém, de um lado, a sexualidade e, do outro, o trauma da perda do objeto amado. A sexualidade, enquanto pulsão, organiza o desejo, orientando o ser para a vida e para os objetos *of its own*, assim como dizia Freud para Cecily M. – isto é, objetos de sua escolha. O trauma, que representa no inconsciente a própria realidade da morte, fixa com um determinismo radical o ser aos seus objetos originários e o conduz a se entregar, de corpo e alma, à celebração do culto dos seus mortos.

Nesse sentido pode parecer extravagante, mas certamente não é falso, considerar as premissas da organização psíquica (de que a atividade onírica fora, sem dúvida, um pivô) nos moldes dos monumentos que nos restam das mais antigas civilizações. Os homens de então só construíam "com solidez" edifícios sagrados para comemorar os ancestrais[9]. Para as suas habitações pessoais e a sua própria conservação, eles eram nitidamente menos exigentes. E não é menos verdadeiro, ainda que igualmente extravagante, ler nas figuras e imagens fantásticas que o texto do sonho nos dá a ver – como nas inscrições, afrescos e esculturas que ornam as paredes internas do templo – a manifestação de uma aquisição primeira do espírito humano. Nos dois casos, imagens e glifos estabelecem um primeiro compromisso graças ao qual, numa visada lúdica, se dá novamente vida a um objeto reconhecido, segundo uma perspectiva trágica, como perdido.

Todo sonho fala, pois, do objeto amado. Ele é o espaço da sua ressurreição – e o cristianismo apenas bebeu, nessa realidade psíquica elementar, o fundamento de um dos seus dogmas essenciais. Mas, e é aí que a língua do sonho difere ao máximo da língua ordinariamente comunicativa, *o sonho fala ao objeto do qual ele fala*. O objeto, alucinado com a realização do desejo, é o mesmo objeto ao qual se endereça a mensagem contida nessa organização da fantasia. A fórmula segundo a qual "o sonho é uma mensagem

---

9   Comparação que o poeta pode se autorizar, sem justificá-la. Assim, Charles Baudelaire: "Minha alma é um túmulo que, mau celibatário,/Desde sempre percorro e habito solitário..." (Baudelaire, C. O mau monge. In: _____. *As flores do mal*. Trad. I. Junqueira. São Paulo: Saraiva, 2012. p. 151.).

endereçada a si mesmo", que ocorreu a Freud no começo de sua pesquisa, é correta; ela vai ao encontro da proposta de André Breton: "Dê-me notícias de mim". Ela é justa contanto que se ouça no "si mesmo" o conjunto de imagos investido pelo desejo subjetivo; que se pressinta aí a presença de objetos internos que, é claro – e justamente porque são "objetos internos" indiferentemente estabelecidos entre mim e isso no "eu inconsciente" –, veem seu estatuto oscilar incessantemente entre posição narcísica e posição objetal. Essa indistinção não exclui em nada a sua realidade de objeto.

Em um sonho – que, excepcionalmente, não é um sonho de autoanálise, mas que Freud não trata de modo diferente – chamado de *O sonho do besouro*, a paciente sonhou, pois, com besouros: *Maikäfer*, em alemão (literalmente: escaravelho-de-maio) – e esse segundo constituinte da palavra tem uma importância capital que faz dele um "significante"[10]. As suas associações conduzem para todo tipo de lembranças bastante desconexas, mas todas relativas à sua vida sexual e à sua infelicidade conjugal. Daí ela evoca o fato de que nascera em maio e, em maio, se casou. Freud presta a maior atenção na significação simbólica objetiva desse detalhe, mas nenhuma na significação segunda que lhe é concedida pelo fato de que ele se inscreve num discurso que lhe é endereçado. Estamos, agora, em condições de compreender que, com esse endereçamento, a paciente assinala que "ela pensa em si mesma ao pensar no besouro do sonho" – o significante "maio" os identifica um ao outro – e que o interlocutor do seu relato representa, e até mesmo encarna, o objeto com o qual essa representação de si se afina. A experiência transferencial, assim como o processo onírico, separa aquilo que o recalque condensa. A interpretação que teria podido lhe ser feita disso – "Você está pensando em você, nascida e casada em maio, ao pensar nos 'escara-

---

10 Freud, S. *A interpretação dos sonhos*. Trad. R. Zwick. São Paulo: L&PM, 2013. p. 313.

velhos-de-maio' do sonho" – a teria levado a prestar mais atenção nas formações inconscientes em jogo nesse sonho, a orientar o seu discurso associativo para mais enunciação e a explorar as múltiplas vias refletidas que o sonho abre ao seu desejo.

A língua do sonho conheceria apenas o modo refletido, ela seria mais restrita gramaticalmente que a língua de que dispomos no estado de vigília. É possível que essa restrição não esteja em relação com um arcaísmo qualquer ou com uma falha do sistema expressivo, mas que sirva a um fim preciso: dissimular ao olhar, e ao relato, a representação do objeto que a realização de desejo – amparando afetivamente o trabalho de sonho – alucinou segundo uma intensidade evidentemente variável. A codificação que afeta a língua do sonho – e que visa menos a dissimular "em si" seu conteúdo do que a torná-lo inaudível a todo e qualquer outro que não o objeto a que está endereçado –, essa codificação tem geralmente mais sucesso no que concerne ao objeto encenado do que no que concerne à realização do desejo que aí se atualiza.

A história do desenvolvimento da análise reproduz esse fenômeno: a descoberta de que o sonho é realização de desejo é o feito d'*A interpretação dos sonhos* – que é o segundo trabalho capital de Freud, depois dos *Estudos sobre a histeria*[11] –; ao passo que a economia objetal que determina, tão fortemente quanto, o processo onírico permanece, nessa obra, teorizada de modo incompleto. A situação analítica não dispõe dos meios para explorar a fundo o eixo vertical do processo onírico; ela não tem acesso aos veios semiológicos originários que condicionam a expressividade do sonho. Constitui prova, pelo contrário, de uma eficácia garantida

---

11   Breuer, J.; Freud, S. Estudos sobre a histeria. In: Freud, S. *Obras psicológicas completas de Sigmund Freud – Edição Standard Brasileira* (ESB), v. II. Rio de Janeiro: Imago, 1996. [N.T.]

quanto à possibilidade de fazer aparecer o comércio sutil e secreto que o sonhador restabelece entre o seu eu infantil e os seus objetos edipianos, em razão da intimidade que o poder dissimulador das imagens lhe oferece – assim como o carnaval abre, para as paixões interditadas, as alas transgressivas da catarse. Esse desempenho lhe vem da transferência, que confere ao analista (tão logo a transferência é instalada e enquanto ela não se resolve) o estatuto de representante dos objetos aos quais o analisando não renunciou e que ele conserva na condição de recalcado. A transferência é, sem dúvida alguma, um facilitador da figurabilidade do sonho, confortando a estreita relação que une os processos analítico e onírico.

Também é preciso que não percamos nunca de vista que a situação analítica modifica profundamente o cenário da interpretação dos sonhos. Ela amplifica desmesuradamente a sua legibilidade, o que não nos autoriza a concluir que os homens inventaram de sonhar, sabendo que, um belo dia, um tal de Sigmund Freud descobriria o uso dessa invenção e conferiria a ela toda a sua extensão. O próprio autor frisava que "os homens não o haviam esperado para sonhar"! Uma vez restituída sua legibilidade, o sonho não é mais sonho, isto é, refúgio; e é bem possível que certa reserva de analfabetismo e de ilusão seja necessária às forças pulsionais que animam a vida.

Pela posição transferencial que a situação analítica lhe confere, a presença do analista poderia ser descrita como exercendo uma dupla influência sobre os sonhos que, nela, o paciente produz: uma influência instigadora, no sentido em que muitos deles (talvez todos) encontram os seus motivos imediatos em restos diurnos pegados emprestados de sua pessoa ou do seu entorno. Veremos aí o fulgor com que a transferência ilumina cada detalhe relativo ao seu objeto – que não conhece equivalente, a não ser na paixão amorosa ou odienta. Mas essa influência "manifesta" resulta, ela própria, do fato "latente" que, pela singularidade da sua presença (que beira a ausência), exerce uma função de representância[12] (por projeção) de figuras negadas, objetais ou subjetivas, do desejo inconsciente. Segue-se uma considerável perturbação da escuta pelo analista do relato do sonho que o erige em escuta participativa: o analista é incumbido de reconhecer sua presença nas imagens que lhe relatam, de *se ver no que ele escuta*. De se ver ou de cegar-se. Dessa alternativa depende a sua capacidade de interpretar os detalhes que lhe concernem e, então, decifrar o texto do sonho. Como se as imagens constitutivas do sonho e a sintaxe que as articula num texto requeressem, para sua tradução, a dupla atividade perceptiva de uma escuta e de um olhar; e como se o sonho, a exemplo da escrita hieroglífica, jogasse com uma palavra que confunde verbo e imagem.

Voltemos ao "sonho do coquetel" examinado no capítulo anterior. É somente ao relatá-lo muito mais tarde que me lembrei de que, no início do seu tratamento, quando a paciente teve esse sonho, as paredes do meu consultório ainda eram azuis. Na época, não vi nem ouvi esse detalhe. A conclusão que tiro disso é que a minha cegueira para esse signo da língua do sonho, a minha resistência à sua decifração testemunha que era então essencial ao seu princípio de prazer que ela conservasse o objeto do qual eu era, por transferência, o suporte. Pois a interpretação – que "desvela", numa imagem do sonho (se tornando, literalmente, cifra de um rébus), a figura do objeto do desejo – conduz a analisanda a renunciar mais ou menos parcialmente a isso.

---

12   Ver Freud, S. Pulsões e destinos da pulsão. In: _____. *Escritos sobre a psicologia do inconsciente: Obras Psicológicas de Sigmund Freud*, v. I. Trad. L. Hanns et al.. Rio de Janeiro: Imago, 2004. p. 133-174. [N.T.]

É verdade que, nesse caso, nenhuma associação veio prolongar o discurso do sonho. E, sem dúvida, é uma consequência da dupla presença do analista na situação analítica – enquanto *pessoa* real no quotidiano, fonte de percepções e de informações indiferentes em si, e enquanto *representante* do objeto do desejo transferencial – o fato de o relato do sonho se redobrar, na sessão, num discurso associativo com visada comunicativa. O relato refere, com maior ou menor precisão e maior ou menor deformação, o texto origi-nário do sonho (como o epigrafista copia uma inscrição mais ou menos legível). Por meio das associações, o locutor expõe numa língua comum a ele e ao analista a tradução incompleta (já que os signos lhe continuam estranhos) e tendenciosa (já que o trans-ferente jamais confunde o objeto da transferência e a pessoa que lhe constitui suporte) desse mesmo texto. O epigrafista do sonho é também, e extemporaneamente, o seu tradutor.

A coisa é importante: na situação analítica, em razão do tra-balho associativo, dispomos então de dois textos – em duas lín-guas diferentes (da qual uma nos é estranha: a língua do sonho; a outra, familiar: a língua das associações) – de um mesmo con-teúdo de pensamento. Pois bem se pode apostar que as associa-ções que vêm ao paciente em torno do sonho relatado bebem os seus motivos e as suas forças pulsionais nas mesmas fontes que ele. Um dispositivo como esse, tanto psíquico quanto linguístico, aberto pelo método analítico – e não criado por ele –, representa para o analista uma ferramenta formidável diante da decifração da língua codificada do sonho; uma ferramenta da qual o sonha-dor solitário não dispõe, já que o endereçamento a uma pessoa real – e outra – é seu requisito absoluto. Às cifras do rébus com as quais o sonho dissimula a sua mensagem correspondem, na língua associativa, informações que autorizam a sua explicitação. Apreender essas correspondências implica, para o analista, uma escuta singular que minimize o conteúdo da mensagem, privilegie o seu endereçamento e se concentre no balizamento dos procedimentos de codificação; por intermédio da interpretação ele oferece ao analisando a oportunidade de se alforriar. Cabe a esse último dar ao anseio erótico contido nessa mensagem o destino que se impõe: conservá-lo ou renunciar a ele.

O relato que conservo do seguinte sonho tem o mérito de ilustrar bastante bem como o desenvolvimento do texto associativo aclara o sentido do texto onírico. Sublinho com caracteres redondos as interpretações que visam a justapor as correspondências entre os dois textos e que desembocam, indiretamente, numa extensão e num aprofundamento do poder naturalmente tradutório das associações do paciente.

Desde o começo da sessão, o paciente evoca o que ele chama de "um tiquinho de sonho". Ele está assistindo a uma conferência que reúne um bocado de gente. A multidão se levanta como se tivesse acabado, quando era também para uma colega (que ele nomeia) fazer a comunicação dela – mas não se sabia disso. Um tumulto se forma em volta dela. Na porta da sala, um papel é afixado, dobrado em dois. É preciso desdobrá-lo para ler: "o fumo é prejudicial". Alguns participantes acham isso inapropriado.

No restaurante, na véspera, alguém tinha um maço de cigarros no qual estava escrito "fumar causa doenças dolorosas e fatais". Ele não conhece fumantes em seu entorno e ficou estupefato com isso. A colega do sonho corrigiu-lhe um documento e desculpou-se assim: ela conhece a questão melhor do que ele, por isso pode fazer isso – mas que um dia ele faria sozinho. É relativamente a essa ideia, que ela conhece melhor que ele, *que ela pronuncia uma conferência no sonho*. Ele concorda: "é justamente isso". Daí ele fala de uma reunião recente; pediram que ele redigisse um cartaz; ele mostrou para alguém, que achou que era inapropriado. *Alusão a esse cartaz, o papel no sonho.* Daí ele diz que, na véspera, procurou um artigo meu em que falo do "apagamento diante do objeto". *A conferência seria uma alusão a mim, e eu o lembro de que ele me disse ter me visto nessa situação e até ter se chocado por eu fumar.* Retorna às suas palavras da última sessão, em que me atribuía a qualidade de "não ter medo das palavras" e de "respeitar o outro" – assim como, acrescenta, os pais devem respeitar os filhos. Daí introduz, não sei como, o tema da violência. Reprova, de forma recorrente, os seus pais por serem de uma violência que ele acha suspeita. *Acaso o fumo que faz morrer seria, no sonho, uma alusão à violência?* Ele concorda mais uma vez. Daí pensa de novo na última conversa telefônica com seu irmão, que lhe disse estar sentado ao lado do pai dele, mas se recusou a falar com esse último. Pensa, agora, que é – de sua parte – uma violência, em se tratando de um homem de idade. E de repente lhe ocorre esta ideia: quando criança admirou o pai (dá detalhes disso), a ponto de se sentir rebaixado por ele! Daí diz que está certo de que a boa relação que tem com a amiga o fortifica, o equilibra, faz com que ele se sinta menos inferior. *Acaso seria uma alusão à sua amiga, sua colega no sonho?* Ele fica surpreso; teria pensado mais numa outra amiga – mas, no fim, sim. Daí retorna ao seu pai, tão idoso que poderia morrer sem que ele o visse de novo. *Acaso o cartaz do sonho e a relação com o fumo seriam uma alusão à ideia de que seu pai ou eu poderíamos morrer?* Ele diz: "Claro, como poderia ser de outra forma? Num laço edipiano tão forte, o acesso à mulher equivale à morte do pai".

A minha participação nesse sonho sombrio – que desloca para a minha pessoa anseios mortíferos, endereçados a um pai tão amado e admirado quanto incômodo e odiado – se diz, na língua do sonho, em signos anódinos e herméticos (a conferência, o fumo) que as associações ulteriormente produzidas pelo sonhador, em sessão, referem-se claramente ao seu significado.

Um conteúdo fantasístico inscrito na língua do sonho encontra, através da sua reinscrição na língua ordinária, a sua inteligibilidade. A coexistência, no espaço e no tempo da sessão, de duas versões do mesmo texto abre uma via especificamente analítica para a interpretação do sonho: justapondo esses dois textos como as duas páginas de uma edição bilíngue, partindo de correspondências imediatamente legíveis, paciente e analista estão ali em condições – passo a passo, signo por signo – de acessar parcialmente a significação do texto originário. É bem possível, aliás, que, com esse fenômeno assim desvelado pela transferência, sejamos as testemunhas de uma das realidades mais estranhas da vida do espírito: ser constituída por uma multidão de estratos linguísticos, herdados das diferentes etapas da civilização. Esse babelismo fundaria a espessura e o poder memorial da substância psíquica.

A interpretação do sonho poderia, assim, representar-se como "transferência" de uma formação psíquica inconsciente, originariamente dada numa língua arcaica, numa língua segunda. A consciência seria, com isso, a qualidade que essa formação adquiriria com a sua translação numa língua atual. Observemos, graças ao relato do sonho precedente, que, ao aproximar os termos – correspondentes nas duas línguas ao mesmo conteúdo; logo, ao mesmo significado –, faz-se com que eles operem um deslocamento físico bem diferente da correspondência dos significantes que caracterizam a tradução. A interpretação suprime a dissociação entre duas correntes representativas, as rearticula numa língua única – enriquecida com pressupostos próprios, na antiga, e transformada pelas exigências conceituais próprias, na nova. Não se trata, portanto, de uma transposição de um conteúdo ideativo da língua de partida à língua de chegada, mas da transformação da língua atual a partir das suas raízes arcaicas.

Não se pode deixar de ficar chocado com a coincidência que se estabelece entre esse método – amplamente desenvolvido por Freud nesse capítulo VI de *A interpretação dos sonhos* – e aquele que permitiu a Champollion, uns cinquenta anos antes, a decifração dos hieróglifos egípcios. Sabe-se que ele garantiu sua descoberta graças à "pedra de Roseta", a qual trazia a inscrição em três línguas – grega, demótica e hieroglífica – de um mesmo texto, cópia de um decreto do concílio geral dos sacerdotes do Egito. Alguns dos seus predecessores, bastante sábios, esbarraram, quando da decifração dos hieróglifos, naquilo que se parecia bastante com uma interdição do pensar; a saber, na crença de que a escrita hieroglífica não era uma escrita completa, e de que os seus ideogramas tinham valor sagrado, mágico, e não admitiam nada além de uma interpretação simbólica. Acreditava-se, muito geralmente, que eles eram o reflexo das ideias platônicas. A intuição genial de Champollion foi, ao contrário, afirmar seu caráter estritamente linguístico.

A intuição é uma coisa, o método é outra. Ora, o que Champollion estava herdando no momento em que empreende a sua pesquisa era precisamente da ordem desse último. Certo J.-J. Barthélemy já havia descoberto que os anéis e cartuchos englobando alguns signos carregavam nomes reais[13]. Sendo os mesmos nomes

---

13 O cartucho, que tem, ele próprio, um valor simbólico (ele representa o território que o rei domina), é, assim, um "determinante" que, nas escritas modernas, tende a se integrar à letra. Ele prevalece, ao contrário, na escrita imagética e na expressão onírica, tal como Freud notou expressamente. Um dos seus equivalentes na pintura da Renascença é a auréola que indica que a personagem

facilmente localizáveis nas línguas "modernas" inscritas na estela, Champollion se apoiou nesse princípio para, a partir das letras constitutivas desses nomes, decifrar, signo por signo, passo a passo, a correspondência do conjunto de letras apresentadas nas três versões linguísticas.

A aura de que se beneficia Champollion na mentalidade contemporânea concerne ao uso rigoroso, rigorosamente científico, de um método. Acontece o mesmo com Freud, que soube ouvir, na língua do sonho – apesar da orientação mágica que aparentemente a realização do desejo que ele realiza lhe confere –, uma semiologia de essência linguística da qual cada parte está no direito de reivindicar a sua tradução em cada uma das línguas de que a psique é o produto e o conservatório.

A imagem, por seu poder mimético de figuração da realidade e pela fascinação que ela exerce sobre o sonhador, parece *a priori* o meio por excelência da alucinação onírica. A tal ponto que, por muito tempo, considerou-se o sonho como uma produção "fantástica" do espírito, maravilhosa ou desprezível; a tal ponto que Freud o aparentou, inicialmente, mais ao sintoma (histérico) por formação de compromisso entre rememoração de desejo e censura do eu; a tal ponto que, por fim, a sua dimensão e a sua intenção de expressividade permaneceram por muito tempo desconhecidas ou negligenciadas. De fato, o sonho não fabrica, ele próprio, as imagens que produz; ele as toma emprestadas do material mnêmico depositado pelas percepções antigas ou recentes – do mesmo jeito que o pintor encontra o seu motivo no olhar que lança sobre uma

---

representada é um santo. Ver Davies, W. V. Le déchiffrement. In: _____. *Les hiéroglyphes égyptiens*. Paris: Éditions du Seuil, 2005. Capítulo 5.

paisagem ou sobre um modelo, e tira as suas cores de pigmentos que lhe vêm de fora. Ao contrário, ainda como o artista, o sonho ordena as suas imagens como as figuras de um quadro cujo conjunto exprime uma visão singular do mundo, isto é, um pensamento.

Assim como não é fácil (ou possível) descobrir o pensamento que comanda a composição de *As meninas*, de Velázquez, ou da *Vista de Delft*, de Vermeer, é excepcional que a visão (ou revisão) do mundo que permite que esse ou aquele sonho seja acessível a nossa consciência permita fazer disso uma transposição verbal adequada. No entanto, a construção conceitual que organiza o quadro e o sonho se dá a ver numa reciprocidade imediata em que o que é olhado interroga aquele que olha, tanto quanto aquele que olha interpela o que é olhado.

O encontro com um quadro de que se gosta, e de que se vai gostar, não termina de desdobrar seus efeitos à distância do acontecimento iniciador, do primeiro encontro. Não são apenas as imagens que voltarão de novo, mas também os efeitos que elas terão operado na minha representação do mundo, nas minhas ideias ou nos meus interditos de pensamento. Em *As meninas*, quadro examinado no capítulo anterior, o reflexo que o espelho, ocupando o centro geométrico do quadro, produz dos rostos do rei e da rainha – que observam do exterior a cena de veneração da infanta Margarida – de repente me faz compreender as modalidades segundo as quais, no espírito da criança, encarnam-se as imagos parentais. Dessas manchas de um branco prateado, grosseiramente atirado por sobre um fundo negro, supõe-se que figurem o casal parental que observa o tormento da filhinha empertigada de majestade e cuja careta rebelde transtorna o rosto de boneca; nessa aparição paralisante e fantástica, vejo a própria figura do superego, dessa instância obscura – muda e invisível – que o ato pictural tira repentinamente da sua abstração. E eu mesmo tiro, imediatamente, essa formulação aproximativa e convencionada das imagens que me ficam desse quadro comovente; imagens que continuam, nesse meio-tempo, a representar minhas próprias imagos edipianas, interditadas por causa do recalque a toda e qualquer visibilidade – nem que fosse a de uma rara acuidade do sonho.

Nos diferentes planos que essa pintura desdobra, toda uma corte se põe em cena – anões, bufões e cães de companhia, damas de honra reverenciais, pintor granjeando o invisível, domésticas desiludidas, até esse personagem misterioso bem no fundo do quadro se furtando ao espectador por uma porta estreita. Diriam que, nesse fraseado de imagens complexas e abundantes, o pintor reforçou as trevas do mundo psíquico da criança, iluminou a sua espacialidade. A penetração visionária do invisível, que essas imagens banais tomadas emprestadas da percepção realizam, representa a visada (bem-sucedida ou não) de toda pintura, assim como de todo sonho. E é dessa transgressão que, tanto uma como o outro, legam a sua precariedade. Da mesma forma – tal como relata Ambroise Vollard – que ocorria frequentemente a Cézanne destruir suas obras ou jogá-las pela janela, ocorre (frequentemente) ao sonhador esquecer o seu sonho e, nesse gesto, necessariamente autodestrutivo, escuta-se a resistência ou a raiva que o ser opõe à revolução que a atividade onírica inicia.

O prazer e a inteligência que a contemplação do quadro traz repousam na modalidade de troca mais singular que há entre o artista e o espectador: o quadro esconde o que ele mostra ao olhar imediato; ele desvela o que ele esconde na fala interior que ampara o seu comentário mudo, uma vez que formações de desejo inspiraram a sua composição. Acontece o mesmo no tratamento. J.-B. Pontalis fez com que se notasse que a ocorrência do sonho no tratamento, esse acontecimento noturno, transforma profundamente as posições psíquicas dos dois parceiros que circunscrevem o espaço transferencial. O "ver", o "ver junto" as figuras do sonho – que inverte a invisibilidade do inconsciente na visibilidade das imagens –, constitui um modo de comunicação arcaico, imediato, se definindo como empatia, identificação em comum, e incluindo, na informação que ela transmite, uma transformação do interlocutor.

Um sonho relatado por Freud, no capítulo VI de *A interpretação dos sonhos,* é exemplar no que se refere à implicação à qual o analista deve consentir para que o sentido, transportado para a língua de imagens, advenha às palavras. Não é de se admirar que o autor o intitule "um belo sonho", caso a gente se lembre de que a estética é uma qualidade que o olhar privilegia particularmente. Na última parte, o sonhador "segue [...] pela ladeira [...] a caminhada é tão difícil [...] que ele não sai do lugar [...] ao final da subida, a caminhada é muito mais fácil". Freud conecta essa passagem à dispneia, que é o sintoma desse paciente; daí ele "associa" sobre uma lembrança de leitura que lhe é própria: a "conhecida e magistral introdução de *Safo,* de Alphonse Daudet. Nessa introdução, um jovem carrega a amante escada acima e de início ela é leve como uma pluma; porém, quanto mais ele sobe, tanto mais pesada ela se torna em seus braços; essa cena é exemplar para o transcurso da relação amorosa e, por meio de sua descrição, Daudet pretende advertir a juventude a não desperdiçar uma inclinação mais séria com garotas de origem humilde e passado duvidoso"[14].

---

14 Freud, S. *A interpretação dos sonhos.* Trad. R. Zwick. São Paulo: L&PM, 2013. p. 307-308.

Se a evocação da dispneia retoma o material fornecido pelo paciente, a evocação de Safo é retirada dos pensamentos do analista, tal como a sua participação ativa nas imagens do sonho lhe inspira. Ele reconhece aí, imediatamente, a figura de um herói romanesco criada por um de seus autores preferidos. Com essa associação, Freud lê diretamente, através das imagens, o texto que o fraseado delas compõe: completamente interpretado, o sonho se revela ser portador de uma advertência análoga àquela que Daudet dirige ao jovem, sobre o perigo que a frequentação de moças de baixa condição representa – sem contar o fato de que a moça do sonho representa a ama do sonhador; e o jovem, o sonhador, criança, mamando. O sonho analisado reencontra o *infans* e a sua vida de fantasia.

Nesse nível da língua do sonho, que converte as imagens psíquicas em palavras, é compreensível que sejam as experiências mais precoces do desenvolvimento individual que alcancem, através dele, a expressividade. Disso se vai concluir que, antes de falar, o *infans* deve permutar imagens para ordenar o seu pensamento e dar a conhecer o seu desejo aos objetos da sua paixão.

3. Salomé

Entre o ano de 1840, quando Baudelaire publica *La serpent qui dance* [A serpente que dança], e o ano de 1903, em que Munch pintou uma *Salomé*, o drama bíblico – que reúne, em torno de Batista, personagens inseparáveis por se constituírem réplica ou oposição uns dos outros (Salomé, Herodes e Herodias) – foi objeto de um incalculável número de obras picturais, literárias e musicais. Como variações infinitas de uma mesma inspiração, e respondendo uma à outra em eco, cada obra singular se diferenciava, porém, pela forma pela qual especificava uma ou outra das facetas desse drama onto-lógico – umas dando ênfase à dimensão hostil, mortífera do amor, conduzindo à "degolação" do Santo (algumas versões fazem de Sa-lomé a amante ressentida de São João Batista); outras, ao contrário, desfraldando a sedução intratável que a mulher pode exercer sobre o homem por meio da sua dança e da exibição de sua nudez.

Foi assim que o poema de Baudelaire inspirou Flaubert em seu romance *Salambô*[1], que inspirou Mallarmé no poema *Herodíade*[2],

---

1   Flaubert, G. *Salambô*. Trad. rev. M. Rebelo. São Paulo: Pongetti, 1942. [N.T.]

2   Mallarmé, S. Herodíade. Trad. A. de Campos. In: A. de Campos. *Linguavia-*

que inspirou Gustave Moreau nas duas telas que fizeram sua celebridade: *Salomé dançando diante de Herodes* e *A aparição*, em que
a cabeça decapitada do "Precursor" de Cristo vem como que desafiar o seu algoz. Esses quadros fizeram sonhar Huysmans, que lhes
consagrou as mais belas páginas de *Às avessas*[3]; e também Flaubert,
que lhe retomou o tema em *Herodíade*[4], concluído em 1877 – e no
qual Oscar Wilde se inspirou para escrever sua peça *Salomé*[5], e Ri-
chard Strauss, por sua vez, fez o livreto de uma ópera...

Há aí uma impressionante série a respeito da qual se conclui
que, na urgência, na repetição e por um tipo de transmissão de
pensamento, é trabalhada a sucessão de representações da feminilidade e das relações passionais e violentas que as mulheres mante-
riam com os homens e o poder.

Também poderíamos incluir, nessa série que a história da arte
torna tão visível, a redação, por Freud – nesse mesmo contexto
histórico –, de um conjunto de artigos atacando frontalmente as
questões da feminilidade e da diferença dos sexos. Esses ensaios
pertencem à maturidade da obra; os ensaios precedentes não per-
mitiam antecipá-los – eles marcam uma espécie de guinada no
pensamento do autor e do seu *corpus* teórico. Desse conjunto, dois
artigos são os pontos altos, marcando a passagem seguida por ele
para o reconhecimento das escolhas que se opõem à livre navega-
ção dos homens e das mulheres no oceano dos sentimentos. Um

---

gem. São Paulo: Companhia das Letras, 1987. p. 49-71. [N.T.]

3   Huysmans, J.-K. *Às avessas*. Trad. J. P. Paes. São Paulo: Companhia das Letras, 2011. [N.T.]

4   Flaubert, G. Herodíade. In: _____. *Três contos*. Trad. M. Hatoum; S. Titan Jr. São Paulo: Cosac Naify, 2004. p. 89-126. [N.T.]

5   Wilde, O. *Salomé*. Trad. I. Barroso. São Paulo: Berlendis & Vertecchia Editores, 2010. [N.T.]

é "O tabu da virgindade" e data de 1918[6]. O outro é de 1925 e se intitula "Algumas consequências psíquicas da diferença anatômica entre os sexos"[7].

Falo em "guinada" no seguinte sentido: até então, Freud vinha explorando o funcionamento psíquico principalmente segundo o eixo horizontal do laço do *infans* com as figuras parentais. Essas figuras incluem os genitores, dos quais ele é inicialmente objeto (dos cuidados, mas também dos desejos) e que se tornam simultaneamente objetos de sua paixão por ele. Por meio deles, a criança é herdeira da longa série dos seus predecessores na filogênese. A figura do *Urvater*, por exemplo, do pai da horda primitiva, impregna de terror a representação que a criança constrói do seu próprio pai.

A sexualidade com tonalidade exclusivamente edipiana na qual essa criança está imersa comporta o seu quinhão de luz e o seu quinhão de sombra. Uma ameaça de punição incide sobre a sua existência, que – recoberta por múltiplos disfarces, dentre os quais a de devoradora – logo assume a figura afirmada de uma angústia de castração, que, como a figura da angústia de morte, faz parte da sua *ananké*[8]. Tanto lhe é impossível reconhecer seu autor quanto é impossível não lhe atribuir um agente. É mais frequentemente ao pai que essa ameaça de castração está associada,

---

6 Freud, S. O tabu da virgindade (Contribuições à psicologia do amor III). In: _____. *Obras completas*, v. 9. Trad. P. C. de Souza. São Paulo: Companhia das Letras, 2013. p. 364-387.

7 Freud, S. Algumas consequências psíquicas da diferença anatômica entre os sexos. In: _____. *Obras completas*, v. 16. Trad. P. C. de Souza. São Paulo: Companhia das Letras, 2011. p. 283-299.

8 Do grego, Ανάγκη, deusa que personifica a fatalidade, o destino inevitável. [N.T.]

mas também pode ser à mãe – Freud não para de se deparar com essa indecisão. Como se nessa linhagem geracional, que escapa ao sujeito atual tanto quanto dela ele depende, a diferença dos sexos não tivesse outra existência que não aquela que o mito da castração manifesta; da mesma maneira que, para o pensamento que preside o politeísmo, era indiferente que o poder divino pertencesse a um sexo ou ao outro. Às divindades machos e fêmeas era atribuído, de forma instável e inconsequente, o poder reputadamente maléfico de decidir o destino dos mortais. Fato sexual e fato religioso não se diferenciavam um do outro.

Assim como no desenvolvimento da civilização, a representação da diferença dos sexos chega tarde ao pensamento psicanalítico. Constata-se que, nos textos que consagra à feminilidade – e que ele não dissocia da questão da diferença anatômica entre os sexos –, Freud desenvolve um pensamento da sexualidade infantil num eixo oposto ao que vinha fazendo anteriormente: no eixo horizontal que conecta a criança aos seus pais, membros da sua fratria, parceiros de jogo ou colegas de escola. Constata-se que ele substitui – nem sempre explicitamente, como se não pudesse se apropriar totalmente dessa revolução do seu pensamento – o poder organizador da sedução inerente à diferença das gerações pelo poder organizador do "trauma" inerente à descoberta da diferença dos sexos. O pensamento, indissociável da paixão, que regula as relações com os pais, é repentinamente substituído por um pensamento que se articula, doravante, com a percepção dos fatos e o conhecimento do real.

A descoberta, pela criança, de uma diferença anatômica entre os sexos coincide categoricamente com a sua entrada no mundo da realidade, com a extração da intemporal idade das gerações, e a inscreve numa história repleta de obstáculos e encontros. Com esse acontecimento, o que não passava de um indivíduo dispondo de uma autonomia, mas sem singularidade, torna-se uma pessoa marcada pela originalidade – já que nenhuma história se parece com a outra, e que a realidade imprime em cada destino um trajeto de vida que lhe é próprio.

Concebe-se que, com essa descoberta, Freud teve de modificar o seu método de abordagem teórica do psiquismo; aceitar que a realidade – do mesmo modo que faz efração no movimento psíquico e rompe com o seu puro determinismo – infletindo o modelismo onde se encontrava o seu pensamento, compele-o a uma difração infinita. Não se trata mais de construir uma representação unitária do aparelho psíquico. Cumpre pensar a diferença como sendo o princípio que comanda a constituição da pessoa e da sua história. É isso que a comparação das consequências psíquicas acarretadas – diferentemente no menino e na menina – pela diferença anatômica dos sexos vai lhe oferecer.

O menininho em contato com a menininha descobre que falta nela o órgão do qual ele próprio dispõe, e no qual ele investe, por razões obscuras, o maior valor narcísico. A consequência é que ele teme que esse membro também se desprenda dele, e lhe atribui, por isso, um acréscimo de valor. A outra consequência é que ele sente – pelo ser que ele vê assim, "mutilado" – horror e menosprezo. Menosprezo no sentido etimológico primeiro, de um menor preço; e horror, porque o valor narcísico pelo qual se referencia a sua pessoa é ameaçado por essa percepção e fica em perigo de derrocada. A metáfora econômica é o que melhor aclara o complexo de castração que acarreta, a partir do padrão-pênis, um movimento inflacionista de valores, transferíveis da pessoa de si para a pessoa do outro, num jogo instável e infinito de desvalorização e de sobrevalorização.

Não é diferente o que se produz na menininha que descobre, em contato com o menino, a diferença que a separa dele. O valor narcísico que alimenta a sua sensação de ser uma pessoa é ameaçado pela mesma derrocada e dá lugar à mesma confusão entre representação de si e do outro, à mesma inflação dos valores mútuos das pessoas entre menosprezo e sobrevalorização.

Daí vem, pois, a diferença que institui, de um lado, o homem; do outro, a mulher? Freud não banca o bobo diante da dificuldade epistemológica que aí encontra e que compara ao uso da "faca de dois gumes" evocada por Dostoiévski em *Os irmãos Karamázov*[9]. O interesse do homem, que ele é à resolução dessa questão, ameaça fortemente inflectir e adulterar a curiosidade e a objetividade do pesquisador, que ele também é. De maneira geral, as analistas mulheres se revoltarão contra a teoria que ele desenvolveu naquela ocasião e que pode se resumir pela calibração da diferença segundo a ausência ou a presença do membro genital: a descoberta perceptiva do corpo feminino dá ao menino, na angústia, o acesso à sua masculinidade; o encontro visual do corpo masculino constrange a menina, não sem violência, a engrenar na via do tornar-se mulher.

A descoberta da diferença dos corpos sexuados abre, então, o tempo de um devir do qual o ser consumado será o produto contingente, aleatório e inexoravelmente singular. Ela abre o tempo de uma mutualidade e de uma conflitualidade em que se inventam, no

---

9   Cf. O discurso da defesa. Uma faca de dois gumes. In: Dostoiévski, F. *Os irmãos Karamázov*, vol. 2, 3. ed. Trad. P. Bezerra. São Paulo: Editora 34, 2012. p. 935-940. [N.T.]

entrecruzamento dos olhares e dos corpos, representações do masculino e do feminino intercambiáveis, inicialmente, de um parceiro a outro – e que só mais tarde se associarão, e então de modo perene, a um dado sexo. A ligação de uma marca corporal e de uma representação sexual institui a pessoa. A especificidade sexuada da pessoa se deve à especificidade oposta que a outra pessoa lhe reflete. A diferença anatômica é o motor dessa mutualidade, explica o seu teor de hostilidade. A mutualidade é o lugar da sua elaboração.

A analisanda falou do impulso recorrente que a assola de "pegar uma espingarda e acabar com a raça do homem que a abandonou". Então, evocando aquele que em parte a consolou em sua tristeza, diz "esse, pelo menos, tem a cabeça no lugar". A dor imensa sentida diante dessa separação inesperada encontrou um reforço de afeto no retorno à situação infantil universal em que a menininha – se descobrindo anatomicamente diferente daquele que irá se tornar *ipso facto* "o outro" – é invadida pela humilhação e pela revolta. A decapitação do homem é "a provação" pela qual a mulher inicia a sua feminilidade. A descoberta da diferença dos sexos não é somente da ordem de um conhecimento que dá lugar a um aumento ou a um refinamento do saber, a um discernimento e a um julgamento objetivo da realidade dos corpos. Ela é da ordem de uma violência que exige uma interpretação, uma doação de sentido – através do que o espírito e o desejo "ganham corpo" e impõem a este a sua marca, a sua espiritualidade.

Seu tratamento a convoca a uma transformação, tanto do corpo quanto da psique, que poderia estar na mais estreita relação com a criação artística. A invenção da feminilidade visa a uma recalibragem do narcisismo através da qual a preciosidade do órgão ausente ao olhar é transferida ao corpo próprio, às suas formas, aos seus contornos – ulteriormente, aos seus adornos. A aparência abre um espaço novo para a identidade e, através desse deslocamento, atrai o outro para ele. A cópula, em que dois sexos se designam mutuamente, seria menos do foro de uma aproximação do que do de um enlevo em que se extinguiria a intenção mortífera inflamada na troca de olhares.

A invenção da feminilidade seria o protótipo, a encarnação da arte. Ao pintar um retrato de mulher ou um nu, o artista se representa no seu próprio movimento criador. Não é, no entanto, um autorretrato, pois não é a sua pessoa que ele representa – mas, para além, a representação em que se origina a sua pessoa; e essa representação originária inspiradora não é a da mulher em sua realidade anatômica. Ela é o fruto de uma interpretação que substitui o referencial "material" do órgão masculino – que traz cunhado na coroa o menosprezo, admitindo apenas um gênero – pela beleza do corpo feminino como moeda fiduciária que regula as trocas entre os sexos.

A invenção da feminilidade não é um feito do homem ou da mulher. A invenção da feminilidade inventou os gêneros masculino e feminino. Ela necessitou de um gesto mortífero, a decapitação de uma idolatria fálica. A maldição que o relato bíblico joga na heroína Salomé não testemunha nada além do caráter conservador do pensamento religioso, do menosprezo que todo culto atrela à criatura revoltada com o seu destino. Não há dúvida, mais uma vez, que o menosprezo, seja lá qual for a sua expressão – que vem rescindir as relações entre os homens, seja o ressurgimento infinito e recorrente desse pensamento primitivo.

Mas tampouco há alguma dúvida de que a retomada e a laicização desse mito no século XIX, num momento bastante afastado da sua origem, venha testemunhar o longo trabalho de cultura que conduziu a essa revolução. A degolação de João Batista é uma das situações mais comoventes do ato civilizador: para que o sujeito entrasse na história, para que o seu corpo chegasse a uma sexualidade e a uma identidade que lhe fosse própria, era preciso romper a autoridade política e espiritual que monopolizava o poder e o desacreditava. O ato de Salomé poderia ser compreendido como a versão feminina do gesto de Prometeu. A invenção da feminilidade é a invenção da liberdade.

A mulher é, para o homem, o seu *alter ego* – e vice-versa. Ao outro pertence esse sexo que não tenho e que me falta. Acaso posso falar do outro sem tão logo falar dessa falta, dessa inveja que o torna tão precioso e, ao mesmo tempo, indesejável para mim? O meu discurso seria a arma de dois gumes de Dostoiévski? A comunicação não depara com a projeção que me faz ver no outro aquilo que eu jamais teria como ser e a que aspiro que ele me restitua? – a ponto de eu perdê-lo de vista e abolir, assim, o espaço que nos faria, ele e eu, devir. A diferença entre os sexos abre um espaço que funda a comunicação entre os seres.

4. Os deuses e o inconsciente

Lucien Lévy-Bruhl relata o seguinte fato relativo à alma primitiva: um missionário evangelizando uma tribo da África central. O vizinho mais próximo da residência do missionário se queixa a ele de que, na noite anterior, ele roubara abóboras da sua horta. Chocado com essa acusação, o missionário responde que o vizinho sabe muito bem que naqueles dois últimos dias ele havia se ausentado para se dirigir à missão central, situada a duzentos quilômetros dali. O argumento deveria, a seu ver, *ipso facto* livrá-lo de toda e qualquer suspeita. O homem fica tão desolado com essa resposta que até negligencia comunicar a ele a objeção que tão logo lhe vem à mente e não admite nenhuma crítica – a saber, que, se tratando de um homem branco e, além disso, investido de um encargo sacerdotal, era completamente admissível que à noite ele se transformasse em pássaro e atravessasse, sem dificuldades, uma distância como aquela.[1] A sabedoria desses "selvagens" consiste no fato de que eles sabem que só se pode dizer ao seu interlocutor aquilo que ele consegue entender.

---

1 Levy-Bruhl, L. *A alma primitiva*. Trad. E. L. de Souza Campos. Niterói: Teodoro Editor, 2015.

O estranhamento em que se encontra o homem ocidental com relação à ideia de metamorfose se opõe ponto por ponto à familiaridade que o homem primitivo mantém com ela. Em certas tribos, assim como relata ainda o mesmo autor, dá-se ao feiticeiro o nome de "canguru do brejo", porque, como esse animal, ele erra noite afora pelas zonas desertas e úmidas em busca de ervas com poderes mágicos. A analogia dos seus comportamentos permite que se os identifique um ao outro, até mesmo chegando a afirmar muito simplesmente que o animal canguru não passa do avatar metamórfico do feiticeiro humano. Uma operação de linguagem preside essa concepção fantástica da existência.

Fantástica somente do nosso ponto de vista: o de homens – civilizados de outro jeito – que, sob o império do *logos*, rompemos todo contato direto, imediato, com as produções do mundo interior. Desse último admitimos apenas uma figuração dissimulada, edulcorada na nossa atividade onírica ou nos contos infantis. Uma franca incredulidade marca, doravante, a nossa relação com essas produções da alma primitiva ou da alma infantil – duas entidades que agora podemos confundir. Primeiro é preciso superar essa incredulidade, que faz com que rejeitemos a ideia de metamorfose para o domínio das fábulas, decompor os seus prós e contras antes de julgar o algo que ela circunscreve e isola do resto da vida psíquica.

A ideia de metamorfose é um fato verificado pela pesquisa etnológica. Por muito tempo os homens *realmente* pensaram que podiam ser transformados em animais, em plantas ou em rochas; eles ligavam isso à ideia de erro e consideravam essas metamorfoses como sendo punições que os deuses lhes infligiam. Consideravam, ainda, que alguns dentre eles – semideuses, semi-homens – dispunham desse poder, ora maléfico ora benéfico, de se transformarem eles próprios. Até certo ponto, a pesquisa psicanalítica nos fornece os meios para compreender de onde lhes vinha tal crença numa realidade dessas. Consideremos como outro fato, o afeto, que a ideia de metamorfose induz no eu "civilizado" e que se desfralda num espectro que vai da complacência à aversão. Essa incredulidade manifesta tanto um avanço da razão e da cultura que estamos no direito de desconfiar que ela sinalize, também, uma recusa das nossas origens, o seu recalcamento ou renegação.

Aventemos, na sequência, a hipótese imposta pela interpretação psicanalítica de que o missionário é acometido por uma surdez seletiva ante a realidade à qual o seu interlocutor remete. A surdez do homem branco consiste em não escutar no verbo "*voler*", que estrutura a fala do seu vizinho, a sua dupla valência transitiva e intransitiva. "Essa noite você me roubou [*volé*] as batatas-doces" significa, de fato: "você aproveitou a noite para se transformar em pássaro e voar [*voler*]". A reprimenda que o homem negro dirige ao homem branco não é de lhe "surrupiar" as suas batatas-doces; esse motivo temporal, inconsistente e fantasioso só lhe serve como disfarce para um pensamento profundo e talvez doloroso. Ele o repreende por dispor de um privilégio que só atribui aos seus deuses ou aos representantes deles, porque a sua própria cultura já o compeliu a renunciar a ele: uma aptidão mágica para essa metamorfose, com uma carga sexual simbólica extraordinariamente cobiçada; o poder de planar, equivalente simbólico da ereção infinita. "Por que tantos indivíduos sonham que podem voar?"[2], se pergunta Freud a propósito do sonho de um de seus pacientes.

---

2 Freud, S. Uma recordação de infância de Leonardo da Vinci. In: _____. *Obras completas*, v. 9. Trad. P. C. de Souza. São Paulo: Companhia das Letras, 2013. p. 202.

Esse desejo infantil que o trabalho de civilização, e depois a educação convocam a repudiar, encontra, no homem adulto, uma realização indireta pela via do sonho; no homem primitivo, pela via da projeção. O que nos leva a reduzir a oposição simplista entre o homem civilizado, que permaneceria sendo mais primitivo do que imagina, e o homem primitivo, que atingiu um grau de civilização mais importante do que admite.

O apanhado semântico que confunde, em favor da homonímia, duas significações diferentes (ter asas e roubar) condensa também no mesmo movimento duas representações exatamente opostas – uma consciente, relativa ao prejuízo sofrido: ser roubado; a outra, inconsciente, relativa à força pulsional que não admite renúncia: voar. A língua primitiva que se desvela nessa interlocução, que já é transferencial – caso se tenha a dimensão de que nela o desejo prevalece sobre o real; de que não é da sua realidade externa que o primitivo fala ao missionário, mas da sua realidade interna –, essa língua primitiva é exatamente aquela que Ésquilo reconhece a Zeus, em seu *Prometeu acorrentado*. A este último, que se obstina em sua revolta contra o "rei dos Bem-aventurados", Hermes faz a seguinte ameaça: "Não mentem os lábios do Zeus onipotente, quando ele quer transformar em realidade tudo o que diz"[3].

Essa fórmula, que tem um alcance poético forte, diz uma verdade psicológica essencial. Ela designa uma palavra que se faz ato, que concede ao desejo o estatuto de uma realidade plena, imediata, que não adia a satisfação e que está nos antípodas da segunda língua do *logos* da qual tentei mostrar – em *Avant d'être celui qui parle*

---

3 Ésquilo. Prometeu acorrentado. In: Ésquilo; Sófocles; Eurípides. *Prometeu acorrentado, Ájax, Alceste*. Trad. M. da Gama Cury. Rio de Janeiro: Jorge Zahar Ed., 2009. p. 62.

[Antes de ser aquele que fala] – que é inteiramente comandada pelas necessidades da renúncia pulsional[4].

A abrasão do antagonismo entre esses dois regimes de fala é também ao que a ideia de metamorfose faz referência. Fato é que não teríamos como desconfiar que os lábios do primitivo estivessem mentindo – o voo furtivo do missionário é, para ele, um fato de experiência, nem que seja onírica. Mas esse fato é o produto, o efeito de um trabalho da língua primitiva, na medida em que ela organiza a fantasia e estrutura o discurso endereçado ao seu objeto. "Você voar, mim não": esse é o fraseado pelo qual se realiza "tudo o que diz" e que é um desejo se realizando na palavra que o enuncia. Mas esse fato condiciona imperativamente o recurso à narração e à interlocução. A metamorfose é o que se considera num sujeito desejante que se endereça a um objeto desejado; ela é o que se canta poeticamente na dor da paixão, como nos indica, sem rodeios, o livro de Ovídio – essa referência absoluta para uma reflexão sobre a metamorfose; e fantástica pelas extravagâncias que ali se desfraldam, pela impiedosa crueldade que os "Bem-aventurados" deuses manifestam para com os humanos, a ciosa rivalidade com que punem os progressos culturais deles. O canto de Ovídio é terrível, a sua leitura é desoladora; ele é o livro do desamparo e da desventura dos homens.

A ideia de metamorfose concerne, pois, essencialmente às relações que os homens mantêm com os seus deuses, com isso que estes representam para eles – sejam seus ideais, sejam as exigências pulsionais das quais os seus "eus" devem se subtrair. Embora muito se reivindique sua pertença a um pensamento laico, pouco se está

---

4   Rolland, J.-C. *Avant d'être celui qui parle*. Paris: Gallimard, 2006. p. 126-127.

livre de uma apreensão em falar das divindades em termos profanos. Fico, então, um pouco reticente em sustentar essa interpretação que é, entretanto, exatamente aquela que Freud formula, sem pestanejar, num texto audacioso intitulado "A conquista do fogo"[5]. O autor se dedica a uma interpretação psicanalítica, nos moldes da interpretação dos sonhos, do mito grego de Prometeu. Ele toma esse mito como uma reminiscência – para a qual o relato lendário traz toda sorte de deformações – de um fato histórico preciso próprio à humanidade; real, mas recalcado.

No fim, Freud vê, pois, em Prometeu, o "herói cultural", aquele que ensinou aos outros homens como conservar de modo perene o fogo e fez, assim, com que eles dessem um significativo passo adiante no caminho da civilização. A interpretação descobre que essa aquisição é o fruto de um mecanismo muito indireto: os homens dominaram o seu uso quando abdicaram de modo perene à tentação de "urinar sobre o fogo ou sobre as cinzas ainda quentes" – ato equivalente, aos olhos deles, à realização de um desejo homossexual. O ato civilizador assim realizado concerne tanto ao domínio da realidade exterior quanto ao da realidade interior. A renúncia à atividade homossexual, à qual estavam reduzidos os membros da horda primitiva, apontava para um desenvolvimento, infinito e fecundo, da atividade intelectual e cultural do homem adulto.

Estou resumindo sumariamente um texto denso e difícil sobre o qual é preciso meditar muito tempo a fim de superar sua estranheza. A questão que anima a reflexão freudiana é a da renúncia pulsional e, como mostrou Jean Laplanche[6], a da sublimação[7].

---

5   Freud, S. A conquista do fogo. In: _____. *Obras completas*, v. 18. Trad. P. C. de Souza. São Paulo: Companhia das Letras, 2010. p. 399-407. [N.T.]

6   Laplanche, J. Faire dériver la sublimation. *Psychanalyse à l'université*, v. II, 2 juin 1977. p. 403-426.

7   S. Freud, "O mal-estar na civilização": "[...] os primeiros atos culturais foram o

Toda aquisição cultural se faria à custa de certo sacrifício da vida pulsional primitiva. Mas, se uma parte da alma individual se presta a essa renúncia, outra parte se recusa e se opõe ao eu (civilizado), como um isso (pulsional) ou como um superego (cruel). A instituição de um princípio (cultural) da realidade, em detrimento de um princípio (sexual) do prazer, se paga com a instalação, no seio do aparelho anímico, de um conflito psíquico violento – até certo ponto, irremediável – cuja expressão mais trágica é a oposição das categorias do humano e do divino. Escutemos Freud:

> *É notório que o mito conceda aos deuses a satisfação de todos os desejos a que o ser humano tem de renunciar, como sabemos do incesto. Diríamos, em linguagem psicanalítica, que a vida pulsional, o isso, é o deus enganado com a renúncia à extinção do fogo, um desejo humano é transformado em privilégio divino na lenda.*[8]

O Zeus cruel – que, no relato manifesto do mito, pune Prometeu prendendo-o a uma rocha e condenando-o a ter o fígado diariamente devorado por uma águia – representa a selvageria pulsional sobre a qual o eu não exerce nada além de um controle parcial,

---

uso de instrumentos [...] Entre eles sobressai o domínio do fogo, realização extraordinária e sem precedente [...] Apagar o fogo urinando [...] era então como que um ato sexual com um homem, uma fruição da potência masculina numa disputa homossexual. Quem primeiro renunciou a este prazer, poupando o fogo, pôde levá-lo consigo e colocá-lo a seu serviço. Ao amortecer o fogo de sua própria excitação sexual, havia domado a força natural do fogo. Essa grande conquista cultural seria então o prêmio por uma renúncia pulsional" (In: Freud, S. *Obras completas*, v. 18. Trad. P. C. de Souza. São Paulo: Companhia das Letras. p. 50 [corpo do texto e nota 12]. (Trad. modificada.)

8 Freud, S. A conquista do fogo. In: _____. *Obras completas*, v. 18. Trad. P. C. de Souza. São Paulo: Companhia das Letras, 2010. p. 402. (Trad. modificada.)

que é preciso recolocar em operação a cada dia. Impõe-se a nós a impressão de que a maior parte dos cantos que Ovídio consagra às suas *Metamorfoses* baseia-se nesse singular tríptico – feito de desafio, vingança e dor – que, *in fine*, regularia a relação entre os deuses e os homens, bem como entre o eu e o isso. O homem-eu desafia o seu deus-isso, contestando a sua onipotência; em contrapartida a essa profanação, o deus inflige ao homem dores insignes que as diversas metamorfoses vêm figurar.

É assim que, no canto VI[9], a rainha Níobe – que aspira ser digna de receber as mesmas honras consagradas à deusa Latona– verá abatidos os seus sete filhos e as suas sete filhas, um por um, e será metamorfoseada numa rocha de onde jorra uma fonte eterna. Bela metáfora de uma dor e de uma pena que "petrifica" o eu. Prometeu não é, por sua vez, transformado; ele simplesmente é amarrado a uma rocha. Esse mito deve ser mais tardio ou estar mais deformado que o anterior. A metamorfose, como metáfora, não está mais vigente; ela é substituída por uma metonímia.

É preciso notar que o texto de Freud relativo ao mito de Prometeu data de 1932. É, pois, um texto tardio que fecha o remanejamento que o autor empreendeu da sua representação do aparelho psíquico – remanejamento que, habitualmente, se designa com o nome de "segunda tópica". Antes de 1915-1920, enquanto Freud concebia o eu como uma instância "cognitiva" que se organiza no prolongamento da atividade perceptiva, as suas pesqui-

---

9   Ovídio. Livro 6º/Fábula 3ª. In: Predebon, A. A. *Edição do manuscrito e estudo das Metamorfoses de Ovídio traduzidas por Francisco José Freire*. Dissertação (Mestrado em Letras) – Departamento de Letras Clássicas e Vernáculas, FFLCH/USP, São Paulo, 2007. p. 357-364. Disponível em: <www.teses.usp.br/teses/disponiveis/8/8143/tde-05102007-143359/pt-br.php>. [N.T.]

sas ulteriores sobre o trabalho do luto, a introjeção melancólica e a reversão da libido edipiana em libido narcísica conduzem-no a levar em consideração o jogo das identificações que, ademais, para além do seu núcleo perceptivo, contribui com a edificação do eu. É incorporando-as à sua substância, identificando-se com elas, que o eu inicia uma primeira renúncia aos objetos da pulsão – e que instaura, assim, um primeiro governo do isso. Assim como Prometeu rouba o fogo dos deuses, o eu rouba do isso os seus objetos, colocando-se no lugar deles. Essa apropriação, que faz do eu um tipo de metamorfose do objeto, logo gera uma dessexualização do afeto atrelado ao objeto edipiano – ela é uma sublimação. A criação do eu é, no plano psicológico, o próprio paradigma do ganho civilizatório; ela não acontece sem dor nem pesar. É a natureza profundamente melancólica do eu que Freud faz aparecer nessa etapa verdadeiramente revolucionária do seu pensamento – no sentido em que ele rompe aí, definitivamente, com a tradição psicológica da qual era herdeiro. Não é sem razão que, em certos relatos, designa-se Prometeu como "o primeiro homem", o homem de uma ruptura.

A última figura – aceita e reconhecida pela mentalidade ocidental – de uma metamorfose poderia concernir à ressurreição de Cristo depois da sua crucificação. O feito é dado como histórico, em todo caso historicamente datado; ele fundamenta o dogma da ressurreição dos mortos. Para alguns, isso é uma crença, a representação psíquica de uma fantasia inconsciente de imortalidade; para os crentes, trata-se de uma realidade absoluta incriticável. Reencontramos aqui o mesmo mal-entendido, observado há pouco com relação à transformação em pássaro, entre o missionário – que não imagina essa possibilidade – e o primitivo – para quem isso é uma evidência imediata.

Mas atenuemos o fantástico dessa proposição. Acaso se trata aqui, uma vez mais, de uma metamorfose, ou somente de um dos seus avatares, mais "civilizado" e adquirido graças à passagem do politeísmo ao monoteísmo? – avatar que teria o mérito de se aproximar mais estreitamente da realidade psíquica que justifica essa estranha construção do espírito humano, que é a ideia de metamorfose. A morte é o que faz o vivente mudar de estado; a ideia de ressurreição anula essa realidade inexorável e insuportavelmente dolorosa. A ideia de metamorfose retiraria a sua fonte perceptiva, histórica, da primeira descoberta da morte do próximo. Os viventes não se resignam a se separar dos objetos amados; a força alucinatória da fantasia remedia a sua dor, ao apresentar aos seus sentidos a imagem encarnada do defunto – imagem que, mágica e temporariamente, anula a sua perda. É assim que o enlutado reencontra vivo, em seus sonhos, o caro objeto recentemente desaparecido; e é assim que o analisado, no tratamento, concebe o analista com os traços dos objetos outrora amados e perdidos.

A metamorfose dos objetos, aos quais a libido primitiva uma vez esteve ligada, é para o espírito uma necessidade econômica: ela faz parte da "urgência da vida"; ela é essencial ao tratamento da dor que, caso contrário, impeliria o indivíduo a se sacrificar ao objeto, morrendo com ele. Ela é a própria condição da conservação, da autoconservação, na medida em que esta depende da conservação do objeto. No ponto em que estamos é permitido retroceder e dizer que são também os seus mortos que o primitivo ressuscita ao se dirigir ao missionário: ele vê neste o ancestral, e a sua fala o invoca enquanto espírito.

Retornemos, pois, à ressurreição de Cristo. Vamos escolher a via estreita de um detalhe, canonicamente autenticado, e que constitui o objeto em si de uma devoção particular: sua aparição para Maria Madalena após a sua morte, tal como Fra Angelico a representou, em afresco – no convento de São Marcos, em Florença –, e que se conhece sob o título de *Noli me tangere.*

Que se trata de uma aparição no sentido de uma alucinação – é isso que o artista quer dizer com vigor. Cristo está erguido, os seus pés estão estendidos ao extremo – ele quase levita. O belo hábito que o envolve, elegantemente disposto, tem a cor de uma mortalha. Seu rosto é de uma palidez sobrenatural. Do lado oposto, a Santa Mulher, vestida com um vestido rosa recatado, evocando a vida e o amor, repousa com todo o seu peso carnal no solo florido de uma pradaria verdejante. Ao fundo, redobrando essa oposição primeira do morto e do vivo, um túmulo maciço e sombrio dá numa vegetação idílica de árvores e de flores. Há êxtase no porte e no rosto da santa; toda dor é então dissipada. Sua consolação é total.

Fra Angelico, muito religioso, nunca executa cenas do gênero. Ele só põe o seu imenso talento de desenhista e de colorista a serviço do dogma do qual é servo. Sua pintura – muitos autores notaram esse fato – é, primeiramente, uma "predicação" que não carece de violência. Ele crê, e está querendo convencer, que essa ressurreição, essa metamorfose do morto em vivo, é uma realidade intangível, não uma produção do espírito da devota Maria Madalena. Também para apagar a tonalidade fantástica ligada a essa experiência passional que desafia o real ao transgredi-lo para que o seu desejo se realize, ele se vale de um artifício pertinente e psicologicamente muito justo. Força a banalização, sobrecarregando o Cristo jardineiro com uma pá sobre o ombro.

A submissão factícia da fantasia aos dados da percepção tira da alucinação o seu caráter fantástico, sobrecarrega-a com um realismo que a inocenta – e graças ao qual o seu objeto pode ser conservado; e a sua posse, satisfeita de modo legítimo e duradouro. A pertinência (religiosa) e a violência (transgressiva) com as quais o pintor afeta a interpretação que ele faz desse motivo tão humano – de uma mulher amante chamando à vida o homem que ela ama – redobra e revela a própria condição da produção alucinatória. Esta requer que um objeto real, realmente percebido no mundo exterior, lhe sirva, por semelhança ou analogia, de suporte projetivo. Assim, é mais do que provável que a realidade histórica, a reminiscência sobre a qual se baseia essa representação pictural, tenha sido o seguinte fato: a amante desolada teria encontrado um jardineiro cujos traços lembraram-lhe a pessoa de Cristo, e ela logo o teria identificado com ele. Além do mais, a figuração por símbolos e a transformação no contrário – essas operações que Freud admite participarem do recalcamento – substituem a versão primeira da fantasia "uma mulher faz com que surja o homem" por uma versão mais edulcorada: "Cristo aparece para a Santa".

Mas, como se sabe, o recalcamento só tem sucesso parcial. O recalcado retorna no tempo e no próprio lugar da sua tentativa de aniquilação. É bem o que Freud indica em *A Gradiva*[10]: o amor por Zoé – do qual Norbert se defende, apaixonando-se pela arqueologia – retorna a ele, a todo vapor, no próprio cerne da sua pesquisa científica, na atração que a graciosa passante do baixo-relevo pompeano exerce sobre ele.

O *Noli me tangere*, "Não me toque" – que, no plano manifesto da linguagem pictural, Cristo é obrigado a dizer a Maria Madale-

---

10   Freud, S. Delírios e sonhos na Gradiva de Jensen. In: _____. *Obras psicológicas completas de Sigmund Freud – ESB*, v. IX. Rio de Janeiro: Imago, 1974.

na – marca esse retorno do recalcado: tocar o objeto que retorna resultaria imediatamente em fazê-lo desaparecer. Com o pretexto do interdito, essa injunção suspende o trabalho do luto e a sua dor.

Meu argumento poderia ser de que esta palavra, "metamorfose", adotada pelos autores antigos – e cuja grandiloquência testemunha o estupor que eles experimentavam diante das forças psíquicas que animavam as suas paixões –, o pensamento ocidental e a pesquisa psicanalítica a substituíram por palavras mais profanas e mais neutras: "deformação" ou "substituição". Ainda que diferentes no registro pático ou poético, elas remetem aos mesmos fatos: à capacidade que o aparelho da alma tem de sabotar as exigências da realidade para dar lugar, aos trancos e barrancos, às vezes das exigências pulsionais.

Para designar esses dois polos atribuídos à existência subjetiva – no seio dos quais o desejo amoroso deve encontrar o seu apaziguamento entre renúncia e satisfação; e a pulsão, o seu destino –, Freud optou por duas expressões compostas a partir de um radical comum, o verbo *sprechen* (isto é, "falar"), fundamentando a oposição deles. Com *Realitäteinspruch*, ele designa a exigência da realidade; com *Triebanspruch*, a reivindicação pulsional. Em *Avant d'être celui qui parle* [Antes de ser aquele que fala], mais especialmente no capítulo intitulado "Parler, renoncer" [Falar, renunciar], formulei a hipótese de que era preciso ver nessa escolha terminológica bastante fulgurante a intuição que Freud tivera, ali, quanto ao papel da língua na organização psíquica – inclusive em seu nível mais arcaico, pulsional. A língua, quando participa do recalcamento, nega a realidade da fantasia que ela expulsa para fora das fronteiras do eu. Quando participa da enunciação, ela dá à fantasia ou ao seu representante o acesso à consciência[11]. A realidade do mundo interno depende inteiramente desses movimentos de abertura-fechamento da fala.

O acesso da fantasia inconsciente à representação – e, dali, à sua renúncia ou a uma realização compatível com o real – requer uma multiplicidade de operações psíquicas tais como repetição (no tempo), deslocamento (no espaço), construções figurais, transformações e deformações; a intensidade dessas operações é proporcional à proximidade da fantasia com a sua pulsão originária, e a sua ferramenta comum é a articulação de imagens ou palavras. O estudo do afresco de Fra Angelico nos ofereceu um *analogon* admissível desse trabalho da representação "em imagem" que leva o pintor a substituir, passo a passo, a representação primitiva do objeto desejado pelo símbolo do Cristo; a figura do sujeito desejante pela de um sujeito que reza. O discurso interior que acompanha o artista em seu ato criador inspira-lhe essas transformações.

Não há, pois, nada de surpreendente no fato de que, no trabalho analítico, a fala associativa exigida pela regra do tudo dizer e comandada pela regressão transferencial produza, também ela, tais transformações. Não as chamamos de metamorfoses – a palavra não pertence ao *Vocabulário da psicanálise*[12] –, mas referirmonos a esse passado semântico lança uma nova luz por sobre essas transformações, restitui-lhes o fantástico que o trabalho diário, o hábito, tende a banalizar. O hábito banaliza tudo o que ele toca; ele nos aparta do maravilhoso.

---

11 Rolland, J.-C. *op. cit.*, especialmente o capítulo "Parler, renoncer".
12 Laplanche, J.; Pontalis, J.-B. *Vocabulário da psicanálise.* Trad. P. Tamen. São Paulo: Martins Fontes, 1992. [N.T.]

Do *Noli me tangere* dei uma interpretação que poderia equivaler àquela que eu daria de um sonho que me relatassem, sem acrescentar aí a menor associação verbal. Recuperando, na linguagem imagética que se desfralda, a oposição de índices relativos à morte e índices relativos à vida – e, ainda, de índices relativos ao sagrado e outros da esfera profana –, pude concluir que estávamos na presença de uma cena alucinatória, de essência erótica e melancólica. Uma cena dessas cuja figura justamente o sonho é capaz de atualizar a partir da memória infantil nele recalcada, ao impor a ele, a fim de torná-lo plausível, as mesmas deformações que a atividade criadora faz com que ele sofra. Assim será com o sonho que Freud coloca na abertura do capítulo VII de *A interpretação dos sonhos*. Um pai cujo filho morrera velou o seu cadáver; então, para descansar, confiou-o aos cuidados de um senhor. Este, por sua vez, cochila; uma vela tomba e incendeia a mortalha. Perturbado em seu sono pela luz do incêndio, o pai, em vez de despertar, sonha que o filho chega até ele e lhe diz: "Pai, você não vê que estou queimando?"[13].

Mas nada nos garante *in fine* a legitimidade de uma interpretação como essa. Esbarramos aí no mesmo obstáculo que Freud encontra em sua tentativa de elucidar o mito que concerne à "conquista do fogo". Ainda que já tivesse ido muito longe nessa análise, ele repentinamente anuncia esse lamento, que eu poderia tomar para mim, e que cito: "Tem-se a impressão de que, a partir desse ponto, seria possível penetrar bastante nos mistérios do mito, mas a verdade é que a sensação de certeza nos acompanha somente por um breve trecho"[14].

---

13 Freud, S. *A interpretação dos sonhos*. Trad. R. Zwick. São Paulo: L&PM, 2013. p. 535.

14 Freud, S. A conquista do fogo. In: _____. *Obras completas*, v. 18. Trad. P. C. de Souza. São Paulo: Companhia das Letras, 2010. p. 406. [N.T.]

A experiência analítica talvez nos forneça essa certeza, no sentido de que a linguagem imagética que a regressão transferencial convoca acompanha uma linguagem verbal que lhe garante – parcialmente, decerto, mas seguramente – a tradução. Aí se está em presença da mesma duplicação, entrevista anteriormente, entre o relato do sonho e as associações que dele irradiam. A fala associativa garante, assim, a mediação entre o experimentado inconsciente, a *Erfahrung* fantasiosa – que compete à arqueossemiologia da imagem – e a língua cuja tarefa e cuja dificuldade consistem em incluir, no estofo do pré-consciente, o excesso de sentido e de existência que a reminiscência infantil carrega com ela.

Também podemos confiar na aptidão da fala associativa de localizar as transformações que os atores da fantasia – o sujeito desejante, o objeto desejado – sofrem no decorrer do desenvolvimento do processo analítico. Esse engenho da língua, que lhe é próprio, vem seguramente do fato de que ela, por sua vez, participa dessas transformações.

O trabalho de rememoração da fala associativa completada pelo trabalho da interpretação desliga os deslocamentos, deformações, transformações que o trauma originário, o fato histórico, deve atravessar para advir à consciência e se dissipar. São essas transformações, obras criadoras do aparelho psíquico, que a mitologia – da qual Freud lembra que era uma pré-psicologia – chamava de "metamorfoses".

5. Memória subjetiva

O que é que estamos fazendo, quando instauramos a situação analítica, além de recorrer primeiramente ao tempo que o relógio e o calendário aferem? "Nós nos vemos – dizemos ao paciente – tal dia, tal hora, por tanto tempo; não nos veremos durante as férias, que serão anunciadas com antecedência, nem nos feriados". Acrescentamos que, toda sessão à qual o analista comparecer, será cobrada, interditando-nos assim toda e qualquer liberdade subjetiva, todo jogo, todo arbitrário, diante desse tempo físico que erigimos à condição de realidade inexorável.

Esse enquadramento temporal implicitamente aceito é convocado para dar ao método analítico toda a sua eficácia, mas eis que ele deixa aparecer uma multiplicidade de temporalidades estranhas ao tempo real que turvam a nossa sensação tradicional do tempo vivido; parece até mesmo "suspender o seu voo", substituindo-o por misteriosas intemporalidades através da evanescência de todo e qualquer meio e de todo e qualquer desejo de dimensioná-las. À pergunta feita com estupenda regularidade pelos analisandos, quando estão prestes a engrenar num tratamento – "mas quanto tempo isso vai durar?"–, só teria como ser respondida com o seguinte, que me parece o mais justo e o mais sóbrio do que tenho a dizer sobre isso: "você vai ver, depois que você tiver começado, essa é uma questão que não vai se colocar mais".

E é bem verdade que a questão da duração do tratamento torna-se indiferente tanto para o analisando quanto para o analista. Não que eles ignorem, tanto um quanto o outro – o analista, sobretudo –, que a análise terá um fim, uma vez que a aceitação de que o tratamento pode se interromper a qualquer momento é uma condição essencial ao seu andamento. Mas isso porque o seu desenrolar obedece menos a uma lógica do tempo do que a uma lógica do espaço – desse espaço psíquico que a fala associativa e a interpretação devem atravessar em todos os sentidos para preencher as falhas que separam as instâncias psíquicas, suspender o recalque da libido, desfazer as fixações nos objetos edipianos. Também em "Análise terminável e interminável"[1] não é ao tempo do tratamento, mas aos complexos – "os rochedos" da feminilidade e da castração – que Freud dá ênfase, isto é, aos obstáculos que se opõem à sua realização. Decerto, toda obra se realiza na temporalidade, nada existe fora do tempo, só o "nada" escapa ao tempo – é a essa conclusão que quero *in fine* chegar. E, no entanto, a temporalidade não passa de uma figura contingente acessória das operações psíquicas, ela não é a peça central da realização do desejo ou da fantasia nem do trabalho do sonho ou do tratamento. Essa distinção é tênue, quase artificial; mas, se quisermos permanecer analistas diante dessa questão do tempo, é preciso que nos atenhamos obstinadamente a ela.

---

1   Freud, S. Análise terminável e interminável. In: _____. *Obras psicológicas completas de Sigmund Freud – ESB*, v. XXIII. Rio de Janeiro: Imago, 1976. p. 239-288. [N.T.]

Talvez, num futuro distante, o inglês se torne a língua oficial da psicanálise. Contudo, cada analista só poderá pensar e praticar a psicanálise mediante sua língua materna, porque deve a ela tanto a sua visão do mundo quanto certa organização da sua vida psíquica entre consciência e inconsciente – uma vez que a língua é simultaneamente o instrumento do recalque e da enunciação, isto é, do devir consciente. Nenhuma outra categoria do pensamento é objeto de tantas variações como os idiomas em uso. É o que Émile Benveniste precisa com o seu conceito de "tempo linguístico". Ele escreve: "Uma [...] confusão [...] consiste em pensar que o sistema temporal de uma língua reproduz a natureza do tempo 'objetivo', tão forte é a propensão a ver na língua o decalque da realidade. As línguas não nos oferecem de fato senão construções diversas do real, e é talvez justamente no modo pelo qual elas elaboram um sistema temporal complexo que elas são mais divergentes"[2].

Limitando-me a um plano estritamente semântico, três exemplos me parecem ilustrar esse problema que representa uma dificuldade real para a comunicação analítica.

O intitulado *Die endliche und die unendliche Analyse* traduz-se em francês como "*L'analyse avec fin e l'analyse sans fin*" [A análise com fim e a análise sem fim]. Porém, a palavra francesa "*fin*" [fim] admite duas significações que, necessariamente, entram em ressonância tão logo se a emprega. Ela designa o término de um ato, a sua extinção, como também a sua intenção, explícita ou secreta. Além do mais, a homofonia dessa palavra em francês com a palavra "*faim*" [fome] – o apetite (de viver, de aprender ou de mudar) – amplia e turva, no uso, o seu domínio linguístico. De modo que é impossível a um leitor francês não creditar esse texto

---

2   Benveniste, E. A linguagem e a experiência humana. In: _____. *Problemas de linguística geral II*. Trad. E. Guimarães. São Paulo: Pontes, 1989. p. 70.

freudiano capital com uma riqueza ligada à própria ambiguidade das suas palavras, e não se interrogar sobre a intenção que anima Freud ali. Acaso é o término do tratamento que o autor examina numa perspectiva de processo e técnica? É uma meditação marcada pelo desapontamento com o que pode ou não ser esperado do método analítico? É, por fim, uma forma enviesada de abordar a energia libidinal com a qual o analisando investe o seu tratamento e da qual dependem a qualidade da sua transferência, o seu desejo de análise e, logo, o tempo que ele irá consagrar a ela?

A segunda ilustração concerne à palavra *Erinnerung*, que o francês traduz indiferentemente por "*souvenir*" [lembrança] ou "*remémoration*" [rememoração]. Muitos autores notaram a singularidade etimológica dessa palavra, que deriva de *Innere* – que significa "o interior". De modo que, entendido literalmente, *Erinnerung* designa o ato de colocar no interior aquilo que, subentendido, ocupa uma posição exterior. Essa ideia de interiorização, de trabalho de interiorização que qualifica esse trabalho da memória, não está indicada nas palavras francesas correspondentes – e eu, de minha parte, invejo esse engenho da língua alemã que falta à minha língua materna. É possível que o fato, para Freud, de dispor de um instrumento linguístico como esse lhe tenha permitido compreender muito cedo que a conservação de uma memória infantil traumática, alienando a evolução psíquica do adulto, não é essencialmente uma questão de *tempo estancado*, mas de *espaço psíquico despedaçado* – do qual algumas frações definem um eu e outras nos impõem o reconhecimento de uma tópica fora do eu. A oposição "tempo, fora do tempo" só se esclarece à luz da oposição "eu, fora-do-eu", no sentido de que os primeiros inscrevem-se exclusivamente no atual e os segundos – tão exclusivamente quanto –, no intemporal. Uma oposição que um terceiro termo circunscreve como o umbigo comum a elas, o não tempo da fantasia inconsciente – o que Freud designa como *Zeitlos*.

A minha terceira ilustração incide na noção de *Nachträglichkeit*, "o só depois", que eu conectaria à de "lembrança-anteparo", *Deckerinnerung*. Em seu uso profano, como me informou um colega alemão, *Nachträglichkeit* indica o ato de retornar insidiosamente a uma reprimenda feita ao outro, para se vingar dele. A língua freudiana é totalmente o contrário de uma língua morta, e sabe-se a que ponto Freud preferia as palavras da língua comum às designações eruditas. Porém, é impressionante constatar que, tão logo o paciente engrena a sua fala associativa num trabalho de rememoração – para se lembrar daquilo que lhe é mais distante, mais precoce na sua história infantil –, ele recorre não à narração direta desses acontecimentos, mas os substitui por lembranças recentes, até mesmo atuais, que os representam e os antecipam. Sua memória procede por substituição, segundo um método analógico, privilegiando acontecimentos recentes que repetem, sem que ele saiba, acontecimentos antigos. Ele se queixa do ferimento que uma palavra infeliz da sua mulher lhe infligiu, ao passo que, sob o efeito da transferência, repensa na recusa que a sua mãe outrora lhe opôs de pegá-lo no colo. E somente a interpretação estará em condições de restituir, a essa realidade afetiva imemorial, sua verdade cronológica plena.

A memória na análise procede, então, por revivescência atual, só depois dos acontecimentos passados, mas não findos; e, por adição aos traços mnêmicos preexistentes, de novas camadas mnêmicas, antes que a interpretação proceda ao despojamento metódico dessa neoestrutura e desenterre a lembrança traumática. É impressionante, então, constatar a que ponto a memória desordena o tempo, confunde e subjuga às suas necessidades as categorias de passado, presente e futuro, do *nach* e do *vor* – da mesma forma, aliás, que ela suprime, do lado do espaço, a distinção entre imagem e anteparo. E

102 MEMÓRIA SUBJETIVA

é certo que os conceitos freudianos de "só depois" e de "lembrança-anteparo" determinam – de forma certamente enviesada, mas precisa, no fim das contas – o curso temporal da vida psíquica melhor do que uma referência direta ao tempo, ao *Zeit*, o faria.

É sempre de forma incidente, e jamais sem reticência, que Freud aborda frontalmente em sua obra a questão da temporalidade. Essencialmente nos textos metapsicológicos – primeiro em "O inconsciente", depois em "Além do princípio do prazer"[3]. Mas a conclusão a que ele chega, pelo contrário, é ali categórica. Vamos escutá-lo: "Os processos do sistema Ics são atemporais, isto é, não são ordenados temporalmente, não são alterados pela passagem do tempo, não têm relação com o tempo. A referência ao tempo também se acha ligada ao trabalho do sistema Cs"[4].

Essa proposição não admite contradição. Entretanto, com o aprofundamento atual da experiência analítica, bem se está no direito de perguntar se uma oposição como essa não exige ser refinada, especialmente no que concerne à relação que o tempo mantém com "o trabalho" do sistema Cs, cuja complexidade e heterogeneidade mensuramos melhor do que podia Freud.

Um paciente, que carrega atrás dele uma longa análise, teve este sonho que o assustou: "O seu braço está rasgado de cima a baixo, e fundo; dá para ver os músculos em carne viva e – um detalhe ainda mais desagradável – a brancura pálida da aponevrose". Imediatamente depois desse relato, uma sideração geral sobrecarregou

---

3   Freud, S. Além do princípio do prazer. In: _____. *Obras completas*, v. 14. Trad. P. C. de Souza. São Paulo: Companhia das Letras, 2010. p. 161-239. [N.T.]

4   Freud, S. O inconsciente. In: _____. *Obras completas*, v. 12. Trad. P. C. de Souza. São Paulo: Companhia das Letras, 2010. p. 128.

o trabalho associativo que o levou, no entanto, no fim da sessão, a se lembrar das flebotomias que sua mãe se infligia repetitivamente, assustando o seu pai e a sua irmã e exasperando a fascinação que a incompreensível certeza de que a mãe estava irremediavelmente infeliz exercia no menininho de três anos que então ele era. É a primeira vez que surge uma rememoração como essa; ela o deixa certo tempo sem voz. Tenho comigo que a sideração que afeta agora a sua fala é apenas o retorno da sideração que, na época das flebotomias, invadiu a criança, logo sucumbiu à amnésia e não constituiu, então, objeto de nenhuma vivência subjetiva. E que a sua revivescência ulterior na transferência simultaneamente reproduz esse tempo anacrônico da infância, ao mesmo tempo em que – porque se enuncia no presente da fala – erige-se como passado terminado.

Então, saindo do seu silêncio, ele descobre mais outra coisa. Sua mãe, um pouco mais tarde – ele tinha então dez anos –, doravante menos abatida e com vergonha de suas cicatrizes, mascarava-as se sobrecarregando com braceletes ostentatórios. Ele reconhece na cor da aponevrose do sonho a mesma brancura desbotada que afetava essas cicatrizes. E com frequência se lembra, de supetão, da atitude que adotava com relação a elas: ele as conhecia, sabia que elas existiam, mas não as via. Exatamente da mesma forma que, recentemente, quando sua mãe faleceu de uma hemorragia cerebral, ele não viu, nas chapas que o seu colega médico lhe mostrava, as marcas da lesão. Assim, esse tempo da recusa perceptiva próprio à infância e à sua paixão edipiana pôde constituir o objeto, para o adulto que ele se tornou, de uma revivescência no presente, e estava incluído – da mesma maneira que os *fueros* na jurisprudência espanhola – no tempo físico ao qual o princípio da realidade submete a vida psíquica. Com o presente da fala, a enunciação garante a conversão desse presente passado em pretérito perfeito.

Na próxima sessão, no dia seguinte, o mesmo paciente se atrasa, manifesta certa precipitação, garante que "teve todas as dificuldades do mundo para chegar aqui". Conta, de modo febril, o sonho da noite. "Ele desembarca com as armadas aliadas numa praia da Normandia. Está à frente do barco cujo casco se abre para facilitar a atracação; está de pé; a chegada não é nada fácil, ele fica com medo". Ele faz uma ligação desse sonho com um filme visto recentemente. À minha observação que é, sem dúvida, a mesma emoção que ele experimentou tendo "todas as dificuldades do mundo para chegar à sua sessão", ele responde: "totalmente". E logo acrescenta que não sabe por que, mas acha que esse sonho se relaciona com o sonho anterior. Fico impressionado com o fato de que a temporalidade em operação nesse sonho – duplamente anacrônica, na medida em que coloca em cena uma época histórica de antes de o paciente ter nascido e que o seu motivo é claramente lúdico, infantil – se reproduza literalmente no tempo da transferência e que a interpretação que faço dela lhe abra imediatamente uma profundeza inesperada. Depois, de novo o curso associativo se esgota; o sonho é como que perdido de vista. Mas volta-se a isso por um desvio. Ele pensou, a partir de motivos muito adjacentes, na ilha de onde sua família é oriunda e à qual – porque ele está em conflito com seu pai – não quer mais retornar. Mas ele se lembra das férias que, quando criança, lá passava regularmente com os pais: a partida; o barco; sobretudo a chegada, que lhe era uma fonte de emoções – era preciso esperar que o barco se abrisse para que os carros saíssem; ele não se lembra como se chama essa operação. Eu lhe digo que isso se chama "desembarque" e que é, sem dúvida, a esse acontecimento da sua infância que o seu sonho faz alusão. Essa interpretação o deixa estupefato e faz surgir à lembrança de um acidente que ele nunca rememorou, ao passo que o afetara de modo violento: justamente no decorrer de um desses desembarques, uma criança da sua idade e próxima dele tinha se ferido no braço, e gravemente. O rasgo era profundo e comprido; viam-se os músculos, pedaços de pele; era exatamente a imagem que o seu sonho anterior figurava...

Temporalidades de um anacronismo específico comandam, pois, complexos mnésicos diferentes que têm em comum um mesmo conteúdo representativo sexual e traumático e que se encadeiam segundo uma cronologia aparentemente fantasiosa, já que é independente das circunstâncias históricas de sua produção. Esse encadeamento deve obedecer a um determinismo de outra ordem que não a ordem temporal. O sistema Cs, para retomar esse termo de Freud, não trabalha da mesma forma conforme os lugares psíquicos que esses diferentes complexos mnêmicos ocupam. Esses, tais como se os localiza nessa observação, não estão recalcados; eles acessam com maior ou menor dificuldade – e por meio de desvios mais ou menos sinuosos – a rememoração e a consciência. Além do mais, por meio desse encaminhamento no espaço psíquico, abandonam sua propensão a se conjugarem no presente para se constituírem como o passado do tempo comandado pelo princípio da realidade.

Eles pertencem ao pré-consciente. Seria preciso fazer, na evolução das ideias psicanalíticas, a história desse conceito de pré-consciente que Freud desinvestiu um pouco, tão logo pôde substituir sua definição descritiva por uma definição estrutural. Ele então o identificou ao eu, ao sistema Cs, partindo da consideração absolutamente fundamentada de que, em cada elemento que o compõe, as representações de coisa permanecem estreitamente ligadas a essas representações de palavra. Mas, caso se mantenha o ponto de vista tópico – tal como a experiência transferencial no tratamento privilegia –, cumpre reconhecermos que o pré-consciente ocupa um espaço infinitamente mais extenso do que o eu. Disso que seria o seu centro até suas últimas fronteiras observam-se as maiores variações tanto da sensação de pertença subjetiva quanto da aptidão de suas formações componentes para acessar a consciência. A palavra "descentrado" poderia definir bastante bem a geografia desse reino do pré-consciente. Na massa das experiências memoriais que o constituem, algumas são diretamente acessíveis à rememoração e se inscrevem prontamente no tempo da língua. "Eu me senti amado pela minha mãe até meu irmão nascer". Outras, ao contrário, exigem um longo e lento trabalho de rememoração, são marcadas pelo tempo próprio à sua produção histórica e permanecem, no momento do seu aparecimento, estranhas ao eu oficial. Elas requerem, para se integrar ao movimento da subjetividade, que se converta esse "tempo do ato" num "tempo crônico". O sonho e a sua interpretação são operadores essenciais dessa mediação. No sonho do desembarque citado anteriormente, um vestígio memorial é atualizado. Ele se formula como "eu desembarco". A interpretação à qual ele dá lugar garante a sua temporalização, erige-a como lembrança. Ela se formula então como: "quando eu desembarquei com meus pais...".

Essa atividade de rememoração é a tarefa necessária, mas não suficiente, do trabalho analítico. Ela não é um fim em si, como é para Marcel Proust a visada estética da escrita do *Tempo redescoberto*. A sua função consiste em trilhar para a palavra associativa uma via que a conduz à fronteira que separa o pré-consciente do inconsciente, em que uma segunda tarefa – mais árdua e muito diferente no seu desenrolar – a espera: a suspensão do recalque; a suspensão disso que é o contrário de uma memória, a amnésia infantil. Não seria razoável, aliás, não é possível fazer a economia deste "trabalho prévio", dessa *Vorarbeit* da análise. A sua necessidade resulta das próprias leis da organização da memória pré-consciente. Esta não resulta do depósito passivo, mecânico, das experiências perceptivas e afetivas que o sujeito atravessa na sua relação com seus objetos edipianos. O armazenamento mnêmico, no indivíduo, no seu acontecer histórico obedece igualmente a uma necessidade interna: a de construir ante o inconsciente um campo de representações, um material figurativo destinado ao mesmo tempo a satisfazer, por substituição, as suas insaciáveis exigências pulsionais e a dar ao eu os meios de escapar da sua influência e de se voltar para o mundo exterior. Nesse sentido, toda memória é *Deckerinnerung*, memória encobridora.

Dizendo isso rapidíssimo demais, estou apenas fazendo jus ao esforço obstinado de Freud – do "Projeto"[5] ao "Além do princípio do prazer" – em fundar uma teoria da memória que considere a sua dupla sujeição: ao real, do qual ela é o vestígio; ao inconsciente, do qual ela é o contrainvestimento. De modo que se compreende melhor que a posição que as componentes da memória ocupam no espaço do pré-consciente obedece menos à ordem do temporal do que à ordem do pulsional; que o traço mnêmico que se situa mais longe – ou mais ao fundo – do eu, e mais perto da fronteira que o separa do inconsciente, não será o mais precoce ou o mais traumático, mas o que irá se mostrar o mais apto para assegurar à fantasia inconsciente uma representação substitutiva e, logo, para proceder ao seu recalcamento.

A participação das formações pré-conscientes no funcionamento do processo primário as impele a sustentar múltiplos interesses, em conflito uns com os outros, que distendem seriamente

---

5   Freud, S. Projeto de uma psicologia científica. In: _____. *Obras psicológicas completas de Sigmund Freud – ESB*, v. I. Rio de Janeiro: Imago, 1996.

a relação de dependência que mantêm com o eu. Podemos compará-las à situação das tribos somalis que – afligidas por suas convicções religiosas e sob a influência oculta de poderes estranhos – só admitem, com o poder central, uma feudalização atenuada. Da mesma forma, as línguas pelas quais essas formações se manifestam – caso se considerem que a ligação da coisa com a palavra é o "gesto linguístico" primeiro –, elas devem se mostrar estranhas umas às outras. No pré-consciente, devem ser conservados todos os estados da língua que o indivíduo atravessa em sua lenta aquisição da língua comunitária, o que permite compreender melhor a pertinência do conceito de tradução que Jean Laplanche propõe para qualificar as operações próprias à rememoração e à suspensão do recalque[6].

Da mesma forma que os tempos são plurais, o pré-consciente é um conservatório de tempos históricos que marcaram o destino do indivíduo. Pode-se aproximar disso uma particularidade da instituição religiosa. O Monte Atos é o lugar santo da ortodoxia. Cada país que participa dessa religião fundou ali um monastério, que, além da liturgia comumente admitida, conserva as tradições e os ritos das suas origens, dentre os quais as medidas do tempo que lhe eram próprias no momento da sua fundação. O visitante que se desloca de um para outro desses monastérios é surpreendido ao descobrir que, quando é meio-dia no monastério russo, são seis horas no da Polônia e dezoito no da Bulgária. Enquanto os monges do primeiro estão em plena atividade, os do segundo cantam Matinas e no terceiro, entoam-se os Ofícios da noite.

Esse cosmopolitismo do pré-consciente não deixa de ter o seu

---

6   Hock, U. Laplanches Trieb. *Libres cahiers pour la psychanalyse*, Paris, v. 150, n. 1, p. 73-84, 2007. (Artigo disponível online pelo DOI *10.3917/lcpp.015.0073* [N.T.])

charme nem sua poesia. Ele até constitui para o indivíduo uma riqueza que lhe garante uma forte ancoragem no real da história e no tempo das gerações. O objetivo do tratamento não é impeli-lo a se assimilar ao tempo real comum; ele só se desocupa do que é necessário ao tratamento do inconsciente e das suas ramificações patógenas – o que, aliás, não acontece sem dor nem lamento. Pois amamos viver infinitamente aquilo que só vivemos de modo passageiro; isso são as últimas forças do nosso incurável desejo de eternidade.

Eu sei os limites do raciocínio teleológico. Mas a gente não pode se perguntar se essa pluralidade de modos temporais – orquestrados no pré-consciente –, se esse "tempo fragmentado", que André Green[7] mostrou que definia o seu próprio ser, não fornece ao aparelho psíquico o material necessário para ultrapassar o obstáculo que a realidade do inconsciente opõe à sua extensão? Obstáculo ou dilema: não sei qual é a palavra mais adequada para qualificar a operação pela qual uma substância (psíquica), o inconsciente, que Freud definiu em termos temporais pela sua negatividade absoluta – *zeitlos* –, entra na temporalidade. Esse dilema não era perceptível ao homem antes de o empreendimento psicanalítico ter revolucionado o seu pensamento e ter ocupado o cerne dessa práxis. A suspensão do recalque que nenhum outro método teria como realizar consiste em converter, não sem desvio nem resto, uma formação definida pela sua negatividade numa formação positiva.

A categoria da negatividade, à qual André Green[8] deu uma extensão acertada, aprofundou, a meu ver, a de recalcamento. A fantasia inconsciente, como toda formação do inconsciente, não

---

7   Green, A. *Le temps éclaté*. Paris: Éditions de Minuit, 2000.

8   Green, A. *Le travail du négatif*. Paris: Éditions de Minuit, 1993.

é somente extratempo: ela *não é*, ela *não existe* – e não somente para a consciência. A sua inexistência, a sua evanescência, guarda a mesma relação com a substância pré-consciente que aquela que a sombra tem com o corpo, que a morte tem com a vida. Coloca-se aqui a questão da consubstancialidade do ser e do tempo – questão mais filosófica do que analítica –, que não tenho meios de abordar. E para não abandonar a difícil exploração dessas profundezas abissais do espírito, me basearei em três referências.

A primeira é de ordem etimológica. O uso da palavra *"rien"* [nada] na língua francesa data do século XI. Ela foi construída a partir do substantivo feminino *res*, "coisa", e ganhou um sentido pronominal e seminegativo por causa da sua frequente associação com a negação *ne*[9]. *"Rien"* designa, então, a coisa – não em sua ausência, mas em sua negação. *Ce n'est pas rien* [Não é nada]! Há alguma coisa sob o nada que convoca sua ressurreição. A interferência que dissimula essa construção etimológica natural reproduz, sem dúvida, a interferência do pensamento diante dessa categoria do negativo.

A segunda é uma reflexão de Freud um pouco sibilina endereçada a Lou Andreas-Salomé. Ele lhe escreve isto:

> *A unidade deste mundo parece-me tão autoevidente que não precisa de ênfase. O que me interessa são a separação e a fragmentação em suas partes componentes daquilo que, de outro modo, reverteria a uma massa sem ressonância. Nem mesmo a segurança claramente expressa no Hannibal de Grabbe de que "não cairemos*

---

9   Picoche, J. *Nouveau dictionnaire étymologique du français*. Paris: Hachette-Tchou, 1971.

para fora deste mundo" parece um substituto suficiente
para a capitulação das fronteiras do ego, que pode ser
bastante dolorosa.[10]

De que natureza, com efeito, é – para além das fronteiras do eu – esse mundo do inconsciente onde o recalque derriba o ser?

A minha terceira referência concerne a uma passagem bastante conhecida de "Bate-se numa criança". Desse texto, pode-se dizer que é aquele em que Freud penetra com a mais viva acuidade na estrutura da fantasia inconsciente e em que, para retomar as palavras da fórmula precedente, "ele separa, fragmenta em suas partes componentes o que, de outro modo, reverteria a uma massa sem ressonância". O desenvolvimento temporal dessa fantasia admite três etapas. Duas delas pertencem ao campo do pré-consciente. A fantasia ali se formula como *O pai bate no filho*, para a primeira; e, para a mais tardia – que faz a representação do objeto edipiano desaparecer –, como em *"Bate-se numa criança"*. Todas as duas foram ou são acessíveis à enunciação e à consciência. Na segunda etapa, a fantasia – porque sucumbiu ao recalcamento – mudou radicalmente de natureza.

"A fantasia", escreve Freud, "é bastante marcada pelo prazer e adquire um conteúdo significativo [francamente edipiano]. Ela diz, então: 'Sou castigada por meu pai'. Ela tem caráter indubitavelmente masoquista".

E o que Freud vai acrescentar imediatamente a isso é de
uma importância capital para a nossa reflexão. Cito-o

---

10 Freud, S. Carta de 30/7/1915. In: Freud, S.; Andreas-Salomé, L. *Correspondência completa*. Trad. D. Flacksman. Rio de Janeiro: Imago, 1975. p. 49-50.

de novo: Essa segunda fase é a mais importante e mais
prenhe de consequências. Em certo sentido, no entanto,
pode-se dizer que ela não tem uma existência real. Em
nenhum caso ela é lembrada, não chegou a tornar-se
consciente. É uma construção da análise, mas nem por
isso menos necessária.[11]

Freud não dará sequência à reflexão sobre a negatividade do
inconsciente que ele engrena aqui ao formular que "essa etapa da
fantasia não tem uma existência real". Dirão que ele vai retomá-la
tardiamente, deslocando-a para o lado da pulsão de morte e da sua
tendência à soltura e ao aniquilamento das formações psíquicas. Mas
isso não é exatamente a mesma coisa. Pelo contrário, o fato de que
nesse momento do seu trabalho teórico ele oponha essa ideia de negatividade à de construção me parece uma via fecunda para a prática
analítica. A fantasia inconsciente, que não é definida o bastante pela
categoria do "fora" – fora do tempo, fora do espaço –, só tem acesso
à positividade do tempo, do lugar – logo, do ser –, ao se associar a
uma lembrança pré-consciente, ao se fazer representar pelo material
da memória. A construção é essa parte da atividade interpretativa
que localiza na rememoração pré-consciente o jogo da fantasia e a
sua elaboração. Na observação trazida anteriormente, a irrupção da
lembrança das flebotomias maternas – assim como da recusa que a
criança contrapunha ao seu reconhecimento – transporta, nos seus
vincos e dobras, múltiplas representações fantasiosas relativas tanto
ao apego edipiano à mãe quanto à angústia de castração, de modo
que a rememoração no tratamento é mais que uma atividade de memória, ela está associada a um trabalho de renúncia pulsional.

---

11   Freud, S. Batem numa criança. In: *Obras completas*, v. 14. Trad. P. C. de Souza.
     São Paulo: Companhia das Letras, 2010. p. 302-303. (Trad. modificada.) Grifo
     meu.

A fantasia inconsciente nunca constitui, com efeito, tal como afirma Freud, o objeto de uma rememoração. Ela consistiria, pelo contrário – se me é permitido este jogo de palavras –, o objeto de uma memoração; o inconsciente, pela sua negatividade, ativa, de um ponto que não se esperava, o próprio trabalho da memória. Como se recordássemos tanto para reencontrar aquilo que se era quanto para encontrar aquilo que ainda não se é.

O pensamento psicanalítico mantém com a questão da memória uma relação que é do foro da afinidade eletiva. Se for justo dizer que a sua teoria se fundou no campo da histeria, seria mais preciso ainda acrescentar que é a partir dos transtornos da memória tão particulares presentes nessa afecção que Freud construiu as suas primeiras concepções relativas ao recalcamento, ao inconsciente e ao primado do sexual infantil no funcionamento do aparelho psíquico. A partir da correspondência com Fliess[12] ele descobre que a histérica sofre de "reminiscências", isto é, de uma memória inconsciente que se furta à rememoração e ao esquecimento e se atualiza no sintoma – uma memória que se esquece de se lembrar. Descoberta que vai se mostrar igualmente válida quanto às outras formas de neurose e de psicose, e que se confirmará no fato de que toda enfermidade psíquica equivale a um transtorno de memória ou a um uso tendencioso dessa propriedade do espírito humano.

Da mesma forma que ele reconhece que a paralisia histérica guarda suas distâncias da paralisia neurológica por ela fazer apelo a uma anatomia imaginária, Freud descobre que a anamnese que

---

12 Masson, J. M. (Org., 1950). *A correspondência completa de Sigmund Freud para Wilhelm Fliess - 1887/1904.* Trad. V. Ribeiro. Rio de Janeiro: Imago, 1986. [N.T.]

os pacientes dão espontaneamente das suas enfermidades refere-se não às suas realidades históricas objetivas, mas a uma construção de lembranças ordenadas conforme uma lógica exclusivamente erótica e passional. A afecção neurótica não conhece outra história além daquela do desejo amoroso, suas expectativas e seus pesares; ela é o seu substituto ou o seu representante. Foi uma preciosa intuição para o ulterior desenvolvimento da teoria analítica estabelecer uma correspondência estreita entre os transtornos da consciência que afetam na histérica a sua representação do *espaço corporal* e os transtornos de consciência que afetam a sua *temporalidade subjetiva*. A memória no sujeito humano concerne tanto ao tempo – isso se sabia antes do nascimento da psicanálise – quanto ao espaço psíquico – isso não se sabia.

A memória não é somente o conjunto dos rastros que um tempo findo deixa atrás de si; ela tende também, para tudo o que concerne à atividade desejante, a ser o conservatório das experiências mais críticas que o sujeito atravessou no seu desenvolvimento. E para proceder a essa inversão do seu funcionamento natural, a memória joga com o espaço. O recalcamento divide o aparelho psíquico. De um lado, as instâncias conscientes, em que a memória obedece à rememoração, ao esquecimento, à lembrança – e só conhece, do tempo, *aquilo que passa* –; do outro, o inconsciente, que se atrela à conservação das paixões infantis, seus objetos, suas circunstâncias, até seus pesares – e só conhece, do mesmo tempo, *aquilo que não passa*, como escreve J.-B. Pontalis[13].

Portanto, não é como simples volta no tempo que o pensamento psicanalítico pensa o trabalho de rememoração, mas também

---

13   Pontalis, J.-B. *Ce temps qui ne passe pas*. Paris: Gallimard (Tracés), 1997.

como deslocamento no espaço psíquico e como forçamento das fronteiras internas que asseguram às reminiscências um asilo contra o esquecimento e a sua dor. Tudo no tratamento conflui para esse projeto que considera a rememoração como sendo o próprio ato do trabalho analítico: a transferência que reatualiza os objetos recalcados e conservados e os desloca para a pessoa do analista; a regressão que instaura a fala numa economia associativa, liberta-a da sua mundaneidade e ativa a sua capacidade de se ligar às representações inconscientes; os próprios sonhos, que são – a palavra é de Freud em *A interpretação* – *Erinnerungen*, rememorações. Para o analista, falar do tratamento é falar da memória, e vice-versa. Vamos nos colocar no cerne dessa experiência, nesse santuário da lembrança que é a situação analítica.

O paciente, que tem uns quarenta anos, empreendeu essa análise por uma razão bastante tocante: quer se livrar da violência incontrolável que o assola diante de seus parceiros amorosos, mas também profissionais, a partir do momento em que trava com eles uma relação forte, íntima e duradoura. O ciúme e a querulência se apoderam do menor motivo perceptivo para se atiçarem e torná-lo ameaçador para eles. Ele sabe que, se não fizer "alguma coisa", estará condenado à solidão afetiva e à dessocialização; um incidente recente o assustou e precipitou a sua decisão. A organização paranoica de sua vida psíquica não deixa dúvidas; ela é do foro dessa forma nosológica que Freud punha do lado da neurose[14]; e o início desse tratamento me confirmará isso, por ela ser facilmente acessível ao trabalho analítico.

Um sintoma bastante alarmante pesa, contudo, no início desse tratamento: sua convicção de que, na infância, um tio – o Tio D.

---

14 Freud, S. Sobre alguns mecanismos neuróticos no ciúme, na paranoia e na homossexualidade. In: *Obras completas*, v. 15. Trad. P. C. de Souza. São Paulo: Companhia das Letras, 2011. p. 209-224.

– abusou sexualmente da sua irmã caçula, e talvez também de um irmão mais novo. Como a sua família, com a qual ele rompeu todo contato, conhece esse "crime hediondo" e não fala nada, ele redige para o seu endereço cartas de injúrias, de ameaças e de denúncia numa atividade compulsiva que ele sabe ser, de longe, desonrosa – e, talvez, até cruelmente injusta. Esse sintoma inflará durante os primeiros meses do nosso trabalho; depois se apaziguará, sem que se tenha tido ainda acesso às suas causas inconscientes.

A sessão de que quero falar marcará a resolução definitiva dessa *neurotica*. Eu a relato tão literalmente quanto possível. O paciente tem, nesse dia, uma postura menos crispada; a sua voz é menos tensa; o ritmo da sua fala, mais apaziguado. O que ele evoca primeiro é relativo à sua vida interior, e não mais aos complôs de que ele suspeita em sua vida social. Há nele algo de mais humano, de menos petrificado.

Depois de ter evocado sua tristeza, sua solidão, seu desespero, ocorre-lhe um sonho da noite anterior: "Está conversando com a mãe. Informa a ela o que o Tio D. cometeu: ele abusou da sua irmã M., mas também cometeu um homicídio". Esse sonho aparentemente não prende sua atenção. Ele evoca as minhas férias, que anunciei no fim da última sessão – lamenta o fato de elas serem longas. Daí pensa nessa irmã M., que ele diz que "só vive para o trabalho e só sabe ter amores infelizes". Então pensa em seu último laço que se rompeu tragicamente, por sua causa. Eu digo que *ele estaria pensando nele próprio e nos seus próprios amores infelizes, ao pensar em sua irmã M. no sonho.*

M. e ele, na infância, ele acrescenta, eram considerados os dois grandes que se opunham aos dois pequenos – como os maus, aos bons. Agora ele pensa na mãe; adoraria passar alguns dias de férias com ela, para conversar. Eu intervenho: *seria pensando nisso, a conversa com a sua mãe no sonho.* Acrescento: *seria pensando em minhas férias, esse desejo de férias na casa da sua mãe.* E acrescento, ainda: *seria, portanto, uma alusão a mim o tio no sonho.* Digo tudo isso porque a transferência ativa a função de rememoração do sonho e porque, em cada uma das imagens que aí se manifestam, jaz uma figura do passado recalcado. Essa série de intervenções de minha parte que religam elementos comuns à fala associativa e à linguagem do sonho o deixa siderado. Com efeito, retoma ele, ele pensou novamente no Tio D., nesses últimos dias, sob a forma do seguinte devaneio: imaginou que estava perguntando para sua mãe se ele podia chegar em tal data; que ela lhe respondia que esse era o momento em que o tio devia pousar na casa dela; que ele lhe retorquia, então: "é ele ou eu". Eu digo: *é pensando nesse devaneio, o assassinato no sonho.*

Ele se sente novamente siderado; daí lhe retorna uma lembrança de infância concernindo a esse tio. Este o havia levado ao litoral, de férias. Um dia em que ele estava se batendo com o seu primo mais novo – o filho do tio –, e no qual abusou de sua força, o Tio D. lhe havia afundado a cabeça na água tão violentamente e por tanto tempo que ele achou realmente que fosse morrer. Por isso que se pergunta agora: será que ele não podia ter escolhido outro castigo? Eu digo: *seria a ideia de castigo, eu me ausentar.* Ele fica novamente siderado. "É, então!" Por fim, consegue compreender que preciso de férias. Mas logo lhe vem uma ideia que com frequência o atravessou aqui e que ele jamais cogitou formular: ele se vê de forma recorrente no divã em posição de finado, com as mãos cruzadas sobre o peito – tal como vira os seus dois avós, quando eles faleceram. Eu digo: *você estaria pensando no tio que te mata ao pensar em mim.* Ele fala, então, do seu medo da morte, da sua busca constante por escapatória. Eu digo: *seria a ideia de escapatória com relação à minha ausência, ir à casa da sua mãe.* Ele evoca, então, suas condutas suicidas, que são menos violentas, mas que se prolongam na sua tendência a comer e a beber demais – e o que ele espera de sua mãe, cuidadosa com a dieta, é que ela o ajude a se cuidar...

A rememoração procede por ondas. O trabalho do sonho contribui com isso. Porque dá lugar a uma narração, o sonho instala no campo da linguagem – logo, do eu – uma formação memorial que anteriormente ocupava o espaço do inconsciente, do isso. Um deslocamento tópico é, pois, pré-requisito para a evolução da memória rumo à consciência.

O significante "assassinato" enunciado no sonho representa a punição infligida pelo tio e recalcada, e admira-se o refinamento e a elegância com que a fala associativa o retraduz em "ele ou eu". Esse traço mnêmico inconsciente entrava, ademais, em relação com a fantasia incestuosa que encontrou de longa data, o acesso à consciência – e que, sem dúvida, lá o representava. Ele entra também em contato com *Einfallen*, não formulados, que só teriam por onde se atualizar na transferência sob a forma de um cenário que me atribui o lugar do assassino – e, a ele, o da vítima –, num tipo de memória muda.

Há algo fantástico nessa sessão que faz do analista um retorno do tio "assassino" e, do analisando – em reminiscência do dano sofrido –, um finado, um "morto". A carga masoquista que, desde a sua ocorrência, saturou eroticamente o acontecimento real, histórico, datável do castigo, erigiu-o como fantasia do tipo "batem numa criança" – daí se enraizou o mito individual do tio incestuoso, e daí se desenvolveu uma cultura arcaica, paranoica, do espírito.

O trabalho de rememoração da fala associativa complementado pelo trabalho da interpretação ativa os deslocamentos, as deformações, as transformações que o trauma originário – o fato histórico – deve atravessar para advir à consciência e se dissipar.

Não só o acontecimento histórico se inscreve simultaneamente em vários lugares psíquicos – de modo que a rememoração difrata de vários lugares ao mesmo tempo –, mas vários acontecimentos se inscrevem num mesmo lugar sob o efeito da condensação, o que está na origem da produção no discurso associativo das correspondências e analogias. É por isso que a rememoração faz surgir um acontecimento, depois o antecedente, e convoca no tratamento uma dissecção por planos.

Continuemos com esse paciente que iremos reencontrar alguns meses depois desse acontecimento memorial. No fim da sessão anterior, descobriu que, com a sua avó materna, com quem ele morou entre sete e quatorze anos – quando seus pais estavam no exterior com os três outros filhos deles –, um potente laço de sedução havia se estabelecido. Não somente ele deve ponderar agora que podia *ter sido seduzido* pela sua avó, pelo fato de dormir toda noite na cama dela, enquanto o seu avô ocupava a outra caminha enfiada no quartinho miserável; mas, sobretudo – e essa ideia o assusta mais que a anterior –, ele podia *ter seduzido* a sua avó, o que pondera pelo fato de que ela não lhe opunha mais nenhuma autoridade, nenhum limite, deixando-o levar de modo irrefreado uma vida de adolescente pré-delinquente.

Estamos, ao fim de quatro anos de tratamento, num momento de intensa rememoração. O menor acontecimento atual dá lugar a surpresa ou indagação; e, relatado no tratamento, faz surgir – pelo jogo das associações e da interpretação – um novo fragmento de memória infantil. É assim que, ao passo que ele me fala febrilmente de sua relação com a avó, que ele parece mesmo emocionalmente revivê-la – até vivê-la, como se ela pertencesse ao seu presente mais imediato; não tivesse constituído objeto de nenhuma dissipação, de nenhuma historicização –, sou levado a dizer a ele, uma vez que o tempo da sua sessão estava chegando ao fim, que é preciso parar.

Na sessão seguinte, ele começa deste jeito: ficou chocado com a minha reação de cortar suas palavras. Também ficou estupefato de se chocar com isso, pois sabe muito bem o quanto a manutenção do limite lhe é preciosa e útil. Por isso contestou sem pensar duas vezes. Mas ficou chocado também com o fato de que, saindo do meu consultório, ao invés de deixar a porta aberta como sempre faz – por causa da paciente que vem depois dele –, fechou-a brus-camente; logo se apercebeu disso e quase tocou para me avisar. E então ele disse que era preciso tomar nota desse acontecimento, sobretudo para não esquecê-lo.

Ele fica, depois de algum tempo, estranhamente atento a essa questão. Orgulha-se da cortesia que manifesta com a paciente que vem depois dele nesse dia – gosta de deixar a porta aberta para ela e de cumprimentá-la com cumplicidade, quando a encontra na escada. Ao mesmo tempo em que fica horrorizado com a atitude do paciente que vem antes dele num outro dia da semana – o qual bate a porta ao sair e faz de conta que não o vê, quando passa na frente dele, esperando a sua vez, sentado na beira da janela. Uma memória que não teria como ser uma memória já está presente em gestos paliativos, aparentemente insignificantes.

A ideia de que era necessário tomar nota desse acontecimento foi recorrente. Ele tornou a pensar nisso à noite; depois, na manhã se-guinte; depois, na noite seguinte – mas não fez nada com isso. Como se, nesse primeiro e precário tempo da suspensão de um recalque, o esquecimento fosse o pendor natural do espírito; e a rememoração, a expressão de uma estratégia e de um labor. Ele retorna à sua relação com os avós. O que o captura, agora, é a atitude do seu avô. Como é que pode – de repente ele se pergunta – esse homem, que pesava mais de cem quilos e media um metro e oitenta, ter ido ocupar a caminha e deixado o seu lugar junto da avó para ele? A lembrança se enriquece com uma reminiscência nova: como o quarto não era aquecido, o avô tinha o costume de pôr, algumas horas antes de colocá-lo para deitar, um tijolo quente nos lençóis da cama grande. Assim, ele não somente lhe deixava o lugar dele, mas o aquecia! Passado o desnorteio dessa descoberta, uma tristeza o invadiu. Teria ele seduzido a avó, a ponto de conduzirem juntos à expulsão do avô? Eu pontuo que *seria a mesma ideia de expulsar a paciente, fechar-lhe a porta*, e lhe sugiro que *ele teria podido estar pensando no seu avô, ao pensar nela no final da última sessão.*

Um longo silêncio, inabitual para ele, se instaura. O que acabo de lhe dizer faz com que ele pense na sua irmã M. Ela foi uma mulher agredida; ele próprio foi violento com as mulheres que conhecera. Ele nunca havia feito essa aproximação. Ela é muito próxima da sua mãe; ele é tão distante. Mas o que lhe ocorre é, sobretudo, uma pergunta – sobre a qual ele se indaga o porquê de nunca tê-la feito antes. Depois do seu nascimento, a sua mãe o entregou aos cuidados da própria mãe por causa de um determinado problema somático que ela tinha. Mas a irmã M., que nasceu onze meses mais tarde, ela, ao contrário, a mantém consigo. A dor e um sentimento de injustiça toma conta dele. Eu digo que *teria sido para que eu não mantivesse a outra paciente comigo que ele teria fechado a porta na outra sessão. Assim, naquela ocasião, ele teria pensado na sua irmã, ao pensar nessa paciente; e na sua mãe, ao pensar em mim.* Esse fragmento de rememoração o alivia consideravelmente.

Esses detalhes aparentemente insignificantes de um tratamento comum valem por sua capacidade de ilustrar a forma com que o trabalho de rememoração opera. Este investe, com efeito, os menores incidentes inerentes à situação; atribui-lhes um valor de memória ao erigi-los como representantes das formações inconscientes aniquiladas pela amnésia infantil. À intervenção que me é imposta pela minha função, através da qual marco o fim da sessão, é atribuída à significação da autoridade paterna indesejável e contestada. À presença da outra paciente, da qual ele não sabe objetivamente nada, é atribuído um valor edipiano – o de representar sua irmã, a rival odiada no apego vital que o liga à mãe dele. Fragmentos inconscientes da história infantil são, assim, projetados sobre detalhes minúsculos da vida atual. O mecanismo da projeção é um ingrediente importante da rememoração, é – quiçá regularmente – o tempo dos começos: na face que me oferece um objeto novo, é um objeto antigo, um objeto de memória que avisto primeiro.

Mas essa primeira análise, em termos de conteúdos fantasiosos, não faz jus completamente a esse trabalho de rememoração que reconstitui, ao mesmo tempo, o contexto histórico real graças ao qual essas fantasias se construíram. Os personagens significativos da infância – conservados, no que se refere ao seu alcance afetivo, na memória inconsciente como negativos fotográficos – revelam-se lentamente, ao se encarnarem na pessoa do analista ou nas pessoas que estão atualmente conectadas a ele.

Pensemos na maneira que descriptografamos uma fotografia. Depois de termos identificado os personagens que ali estão representados – operação imediata e simples –, com o estudo do lugar onde ela foi tirada, com a observação das roupas usadas e do mobiliário que cerca essas figuras, nos ocorre, mais lenta e complicadamente, a lembrança cada vez mais convincente das circunstâncias – uma primeira comunhão, tal reunião de família – que a havia motivado. Da mesma forma, o reaparecimento na transferência, para esse paciente, da figura da avó – e, depois, do avô – convoca nele a lembrança dolorosa das relações passionais que ele sabia, e não sabia, ter tecido com eles.

A reconstituição detalhada dos acontecimentos históricos que fazem o fundo da lembrança traumática – da qual Freud deu múltiplos exemplos em "Dora"[15], bem como em "O homem dos lobos"[16] – corresponde ao que, na teoria, é designado como suspensão da amnésia infantil. O reconhecimento dos objetos edipianos constitutivos da fantasia inconsciente corresponde ao que é designado como suspensão do recalque. Ganha-se em separar essas duas operações, pois da realização de uma depende a realização da outra. É o que conclui Freud no texto mais consumado que ele consagra à rememoração: "Bate-se numa criança". A reconstrução (pelo analista) da segunda fase da fantasia – "o meu pai me bate; logo, ele me ama" –, que faz aparecer a questão pulsional incestuosa subjacente ao fato histórico, só se torna possível por um trabalho ativo de rememoração que difere do trabalho interpretativo que identifica as figuras objetais. Cito-o uma vez mais:

> *A rigor, deve ser visto como psicanálise correta apenas o trabalho analítico que logra remover a amnésia que esconde ao adulto o conhecimento de sua vida infantil desde o início (dos dois aos cinco anos, aproximadamente). Não se pode enfatizar isso o bastante nem repeti-lo*

---

15 Breuer, J.; Freud, S. Estudos sobre a histeria. In: *Obras psicológicas completas de Sigmund Freud – Edição Standard Brasileira* (ESB), v. II. Rio de Janeiro: Imago, 1996. [N.T.]

16 Freud, S. História de uma neurose infantil (O homem dos lobos). In: *Obras completas*, v. 14. Trad. P. C. de Souza. São Paulo: Companhia das Letras, 2010. p. 13-160. [N.T.]

suficientemente para os analistas. [...] Sublinhar a importância das primeiras vivências não implica subestimar o peso das vivências posteriores; mas essas posteriores impressões da vida falam com clareza pela boca do paciente, enquanto o médico tem de erguer a voz em favor do direito da infância.

O que ainda nos impressiona nesse fragmento clínico é que, a uma primeira rememoração concernente a um episódio tardio da história – quase da pré-adolescência –, logo sucede uma segunda rememoração, concernente a um episódio muito precoce da infância, datando do primeiro ano de vida. Pode-se, nesse segundo caso, falar em rememoração?

O "abandono materno" ao qual o relato do paciente se refere não pertence à sua memória própria, ele lhe foi relatado pela crônica familiar. O acontecimento se produziu numa época em que o *infans* não dispõe de linguagem e em que, logo, por mais violento que ele seja, ele só pôde dar lugar a traços sensoriais sem significação própria, que só encontrarão uma consistência psíquica no laço que se estabelece entre eles e a memória verbal em que se inscreve o segundo acontecimento. Seria preciso, pois, dizer, sim, que a primeira rememoração – que aparece toda revestida de palavras – remete a uma memória sem lembrança e sem linguagem, à maneira da chama que assinala, sem mostrar, a brasa da qual se alimenta. Logo, não se trata de uma rememoração, mas de uma memória reconstruída. Reconstruída, quero insistir nesse ponto, pela mediação da língua e das operações de fala que são o jogo associativo e a interpretação – os quais tornam legíveis as fundações invisíveis a olho nu, inaudíveis à audição imediata, da memória inconsciente; e que só pode dar conta da carga energética trágica dessa lembrança. Aos traços sensoriais constitutivos de uma memória biológica – que arquiva as impressões traumáticas que o mundo exterior infligiu ao sujeito – se acrescenta, secundariamente, uma função memorial da língua, instaurando uma memória especificamente humana. "Não posso dizer o que se deu", escreve Pierre Fédida, "mas posso criar um lugar para aquilo que se deu. Esse lugar é a psicoterapia". E ele acrescenta: "O ato, ele próprio, existiu? O que conta é o relato no qual o ato vai existir. O que conta não é o acontecimento traumático vivido aos dois anos de idade, mas a constituição de um lugar psíquico onde o acontecimento traumático pode ter lugar no decorrer do tratamento"[17].

Esse lugar na psicoterapia é, é claro, o da fala, do discurso, do relato narrativo e onírico.

Logo, é preciso concluir que a maneira que as experiências vividas se inscrevem no ser e o instituem como sujeito histórico obedece a uma lógica rigorosa que o trabalho analítico deve conhecer, e à qual ele deve se submeter no seu projeto de voltar na cadeia do tempo. A memória, longe de ser passiva, simples depósito da relação entre o ser e o real, é seletiva. Ela localiza, nos acontecimentos que desestabilizam temporariamente o equilíbrio psíquico e podem ser considerados traumáticos, o fundo pulsional que lhes é comum. E, com base nisso, ela os condensa, autorizando-os, assim, a se representar mutuamente, de modo que, na cadeia de memória assim instituída, o mais recente – aberto à lembrança por sua ligação com as palavras – será encarregado de evocar – distante, mas seguramente – o mais antigo, interditado à memória.

---

17 Fédida, P. O *epos* – o sítio. In: _____. *O sítio do estrangeiro: a situação psicanalítica*. Trad. E. Leite; M. Gambini; M. Seincman. São Paulo: Escura, 1996. p. 75-88.

O que há de comum entre a lembrança tardia, relativa às figuras dos avós, e a construção mnêmica que concerne ao "abandono" materno é – além da ideia de separação, que só encontra o seu significante verbal tardiamente, mas que antes se havia posto como significante sensorial – a hipersexualização regressiva própria tanto à privação objetal quanto a uma demasia de aproximação incestuosa.

A interpretação – que decerto é o ato do analista, mas não pode ser dissociada da fala do analisando que o autoriza – tem como efeito não somente revelar a lembrança disfarçada na percepção presente, atual, mas constranger essa lembrança a renunciar à satisfação edipiana que aí se satisfaz clandestinamente. "Reencontrar", na percepção que ele construiu da figura do analista, a avó e a mãe enquanto objetos conduz inexoravelmente o paciente a se desprender disso, a "perder" esses últimos. O trabalho analítico, que encontra o seu primeiro modelo no trabalho do sonho – André Green foi, a respeito desse assunto, bastante convincente –, encontra um segundo no trabalho do luto. Analisar-se é submeter à prova do luto os caros objetos da infância transgressivamente conservados.

O artifício – isto é, a arte – que comanda a amnésia infantil visa, ao contrário, à conservação dos preciosos objetos edipianos. Ela poupa ao sujeito esse trabalho de luto que marca dolorosamente a vida amorosa de toda infância. A violência da interpretação – para retomar essa palavra forte e justa de Piera Aulagnier – compete à prescrição, que ela carrega em si como a sua ponta mais afiada, de esquecer o objeto que o recalcamento mantém habilmente, com o próprio pretexto da sua aparente abolição. A rememoração trabalha com o esquecimento, não no sentido que se dá habitualmente a essa palavra – de um ato preguiçoso, negligente, que se esquiva do que é desagradável –, mas no sentido de uma decisão que consiste em reconhecer que aquilo que é, mas não é mais; que, daquilo que era, sobra apenas a lembrança e a sua nostalgia.

A literatura, só ela, nos dá a ver esse aspecto do espírito humano, capaz de jogar com suprema habilidade com a memória contra o próprio esquecimento. Recorro a ela com o objetivo preciso de referir à economia da memória no tratamento àquela que a ficção romanesca lhe concede. O tempo perdido, ao qual Marcel Proust consagra a sua *Busca*, se reduz a um tempo possivelmente reencontrado, ao qual a magia narrativa poupa de ser um tempo findo. Extraio o relato que segue de "A prisioneira".

> *Naquele dia, Albertine negou a proposta do autor de acompanhá-lo à casa dos Verdurin. Com a suspeita de que ela lhe queria ser infiel, e para evitá-lo, aconselha-a a ir a "uma apresentação magnífica de caráter beneficente" no Trocadero – conselho que ela ouvia "com ar dolente". Não sabemos mais, hoje em dia, o que é uma apresentação "beneficente", mas essa última palavra pode soar estranha aos ouvidos do leitor contemporâneo. Como o significante "assassinato", no sonho do analisando que acabei de trazer, não é necessário ao desenvolvimento narrativo, ele se junta por acréscimo. Essa incongruência assinala sua função de anacoluto, uma figura retórica que Roland Barthes mostrou – no prefácio de Monsieur de Rancé, de Chateaubriand[18] – garantir a mediação en-*

---

18 Barthes, R. Chateaubriand: *Vida de Rancé*. In: _____. *O grau zero da escrita*. 2. ed. Trad. M. Laranjeira. São Paulo: Martins Fontes, 2004. p. 125-142. [N.T.]

tre o discurso manifesto atual, a narração e um discurso interior subjacente ao primeiro e consagrado à expressão do mundo interno, das suas fantasias e de sua memória. Ele indica que é dele próprio e para ele próprio que o autor fala, ao falar do seu personagem. No auge da disputa, Marcel Proust relata: Recomecei a ser duro com ela, como em Balbec, ao tempo da minha primeira crise de ciúme. Seu rosto refletia uma decepção e eu empregava, para censurar minha amiga, as mesmas razões que me tinham sido tantas vezes apresentadas por meus pais quando eu era pequeno e que haviam parecido ininteligentes e cruéis à minha infância incompreendida.[19]

A descrição dessa cena passional estende-se por algumas páginas particularmente pungentes, no decorrer das quais se intricam tanto a narração literal do acontecimento – a sua reprimenda, o abatimento de Albertine – quanto um discurso interior em que o autor ativa, em seu uso íntimo, a memória dos seus entes queridos desaparecidos. Sua mãe, primeiro; cito: "Tais palavras, uma grande parte do que dizemos não passando de um recitativo, eu as ouvira todas ao serem pronunciadas por minha mãe [...]". Depois, sua avó; cito, uma vez mais: "A severidade dela comigo nascia de um propósito e até lhe custava [...]". Por fim, seu pai; cito, ainda: "Era muito visível que sua frieza glacial era apenas um aspecto exterior de sua sensibilidade".[20]

Mas em momento algum – embora sejam enunciadas com clareza e precisão – essas evocações levam o autor a tomar cons-

---

19 Proust, M. *Em busca do tempo perdido*: a prisioneira. Trad. M. Bandeira. São Paulo: Globo, 1998. p. 99. (Trad. modificada.)

20 *Ibid*. p. 100-101. (Trad. modificada.)

ciência de que Albertine não é nem sua mãe, nem seu pai, nem sua avó. É justamente este todo o benefício da ficção romanesca: o de convocar a memória, de gozar do seu poder consolador e dos seus charmes, sem desflorar sua integridade, sua virgindade – sem constrangê-la à rememoração. Nesse diálogo amoroso em que se mesclam os tempos irredutíveis do passado e do presente, da infância e da maturidade – e em que se trocam desenfreadamente as posições dos interlocutores –, Albertine é simultaneamente a criança, que fora o pequeno Marcel, e os seus pais, para quem ele pode, enfim, remeter as palavras aflitivas que outrora recebera deles: Albertine é apenas o motivo para restaurar esse tempo findo; para reencarnar, quase que alucinatoriamente, a presença deles.

É uma coisa delicada, a memória. A conservação do passado nos ajuda a viver; ela também nos deixa doentes. Entre essas duas possibilidades, só o sujeito é soberano. Deixo a Marcel Proust a palavra final. Para se reconciliar (e se resignar) com sua "compulsão à repetição", ele escreve estas linhas – que, para mim, são de valia tanto por sua beleza literária quanto por sua afinidade eletiva com o pensamento psicanalítico –: Sem dúvida, como cada um de nós tem de continuar em si a vida dos seus, o homem ponderado e escarninho que não existia em mim no princípio [dessa cena] se tinha juntado ao sensível e era natural que eu fosse, por minha vez, como meus pais haviam sido. Além disso, no momento em que esse novo eu se formava, achava a sua linguagem inteiramente pronta na lembrança daquela outra, irônica e rabugenta, que tinham usado comigo, que eu tinha agora de usar com os outros; e que saía muito naturalmente de minha boca, ou porque eu a evo-

casse por mimetismo e associação de reminiscências, ou também porque os delicados e misteriosos sortilégios do poder genésico tivessem em mim, sem que eu o percebesse, desenhado, como na folha de uma planta, as mesmas entonações, os mesmos gestos, as mesmas atitudes que haviam tido aqueles de quem eu provinha.[21]

Quem culparia Proust por amar sua melancolia, quando, pelo sortilégio de sua escrita, ele faz do seu leitor o seu cúmplice absoluto?

---

21   *Ibid.* p. 100. (Trad. modificada.)

6. O imagético ou a memória do primitivo

A imagem está primitivamente ligada à memória da espécie; o espírito é o seu santuário. É preciso, agora, interrogarmos essa origem, desdobrando algumas facetas desta categoria polimorfa da vida do espírito: a *imagem mental*, tal como ela se impõe à alma individual como representação, na dupla espessura da sua fonte perceptiva e do seu alcance fantasístico, e na infinita foliação dos depósitos dos documentos históricos que a constitui; ou os *vestígios* de civilizações desaparecidas, infinitesimais – moedas, restos picturais – ou monumentais – fundações de palácios ou de cidades –, tais como se deixam descobrir pelos arqueólogos e se dão inusitadamente a ver a grupos humanos já organizados numa pertença a uma civilização atual; ou, por fim, avatar longínquo e abstrato da imagem que se desenvolve nas franjas da linguagem, *a metáfora* que o espírito desenrola indefinidamente na busca febril pelas suas origens e através da qual se funda o seu imaginário.

O imagético *"l'imageant"* seria uma primeira corrente de pensamento inspirada ao mortal pelo seu "ter se tornado homem"; faz com que ele invente os seus deuses e lhe ordena a instauração, cada vez mais convincente e heroica, da sua razão de ser. Como se o governo dos seus primórdios – mais do que a recusa da sua mortalidade – pudesse consolar o homem pela sua finitude. Essa corrente de pensamento visa à restauração de uma completude ideal e narcísica e negligencia toda e qualquer distinção entre *fato* e *fábula*, *crença* e *ciência* – talvez, ainda, entre *visível* e *invisível*.

A imagem não se reduz à percepção do olhar. Ela é, primeiro, ordenada por um desejo; ela visa a atender a *expectativa* que dele resulta. Na sua plenitude, sua oposição ao vazio, ao lacunar, à falta – a tudo o que tem cheiro e cor de nada e se inscreve como desamparo na origem do espírito –, a imagem, através da sua magia, funda a vida anímica. Ela define o "primitivo".

Em todos os campos (antropológico, arqueológico, psicológico) em que a sua moeda é corrente, o primitivo (incluindo sua factualidade e a aura de imagens que ele desenvolve) é a ferramenta destinada às vezes para resolver, mas sempre para apaziguar a questão dolorosa, insistente, lancinante das origens – não das origens *em si*, questão que, desde sempre, os homens delegaram ironicamente a suas cosmogonias e a suas teogonias. Mas a questão da origem *de si* coloca-se para o ser falante e pensante na intimidade e na precariedade da sua subjetividade nascente, cuja instauração institui, *a posteriori* – e de rebote – o mundo da imagem como sua anterioridade e exterioridade imediatas. Da mesma forma que a hierarquia social, a questão da identidade tribal ou do clã, na aurora da organização dos processos rituais e políticos, instauram – aí também *a posteriori* – o mito como a anterioridade e a exterioridade imediatas das instituições.

A imagem, eu deveria dizer o poder imagético da imagem: aquilo que ela porta em si de presença viva, de força de adesão; aquilo através do qual ela convoca a convicção e tira do rumo o juízo e o discernimento do seu contemplador. O imagético é aquilo que, da imagem, inibe o olhar e a sua percepção crítica e ativa diretamente a visão, sua fascinação, sua veneração. Os homens pertencentes às civilizações mais remotamente identificáveis cobriram as paredes de grutas inacessíveis com afrescos animados e fantásticos; da mesma forma, é preciso que acreditemos que o *infans*, aquele que ainda não está na linguagem, organiza – através das experiências que ele tece de seu encontro com seu mundo exterior, sob o efeito daquilo que seus ancestrais lhe transmitem de desejo e de expectativa, estofando-o com as figurações deles – um "mundo interior", tão invisível quanto, por muito tempo, permaneceu Lascaux; e tão obscuros quantos, mesmo depois de sua exumação, permanecem as fundações de Troia. Na constituição de um estoque de imagens, gravuras, desenhos, impressões digitais ou das mãos, depósitos de ocre nas incrustações das paredes, bem como nas inscrições e marcas que deixam – na substância nervosa profunda – as primeiras emoções do *infans*, vejamos aí as premissas daquilo que será a vida psíquica e cultural do futuro homem.

Essas representações do mundo, da sua efração e da sua hostilidade – como desejos e desnorteamentos que ele desperta na mônada individual, ainda exclusivamente biológica – cobrem, ornam então um espaço, um lugar no interior do qual um "si" se isola, se delineia e nasce da saída do reflexo que o iniciara. A subjetividade se antecipa nesse imagético. Que seu reflexo anteceda o ser, que a representação institua o representado, que a imagem refletida, especular, seja a prévia da existência psíquica, é isso que – por pouco que a gente se obrigue, para interpretá-lo, a seguir a regra freudiana de revirar-lhe o conteúdo – o mito de Narciso conclui: da imagem dele que ela prefigura, e por um movimento de abandono ou de deslocamento, Narciso, o sujeito psíquico, nasce para si mesmo.

O imagético inscreve a imagem como a primeira ferramenta da vida do espírito. Ele situa a imagem como a manifestação imediata das excitações que despertam a psique, como a condição necessária e primeira do pensamento. Mas será que ele próprio já é um pensamento, no sentido de uma organização que reúne e articula elementos heterogêneos e isoladamente insignificantes? Será que o vasto conjunto de figuras de cores encantadoras, de movimentos vigorosos, de expressividade patética – que, como os afrescos de uma catedral, saturam as paredes de Lascaux – representa um conjunto narrativo, ainda que mítico? Ou, ainda: será que as imagos que o *infans* retém ou forja dos seus objetos edipianos – e nas quais suas fantasias ou seus sonhos vão procurar como raízes o alimento do seu prazer – inscrevem-se numa ordem de pagamento, como numa "loja" de recordações, arquivada como um pensamento?

É essa pergunta que nos impõe a abordagem do primitivo e que é preciso seguir tão longe quanto possível, notando que, assim formulada, ela nos conduz novamente a relativizar – até mesmo a contestar – a oposição clássica e evidente do visível e do invisível. Na obscuridade da gruta de Lascaux, como na obscuridade das profundezas da alma, as imagens que adornam as paredes valem mais pela sua presença do que pela sua mostra; valem mais como coisas do que como representações. Sabemos da dificuldade que temos para pensar essa diferença entre coisa e representação. Para Freud, a representação primitiva é a própria coisa, a palavra que ele usa – *Representanz* ou *Vorstellung*, indiferentemente – só vem indicar sua tópica no espaço mental e o grau de interiorização que o organiza a partir da percepção do objeto exterior[1]. É dela, da sua presença, que depende, em espelho, a representação segunda que fazemos de nós e, *in fine*, a definição daquilo que somos. O balé que a dupla coisa-representação dança se ordena num passo sutil e inteiramente gracioso: da coisa – a saber, da experiência vivida, incluindo o acontecimento real e seu respondente pulsional – nasce a representação. Da representação – a saber, da apropriação do seu reflexo pelo si mesmo – nasce a existência psíquica, substância, coisa.

O imagético não é da ordem do pensamento, mas do ato; ele opera na construção psíquica, jamais consumada, de modo que transcende todas as temporalidades, sejam elas históricas ou pré-históricas. Ele caracteriza tanto o primitivo quanto o atual, a menos que se considere que ele reconduz às etapas derradeiras da civilização ao impulso evolutivo – cheio de criatividade e inventividade – que deve ter reinado nas primeiras etapas da cultura, como reina nas etapas precoces da psicogênese. Ele é o ato graças ao qual, pela suspensão na via da descarga, nascerá secundariamente o pensamento. O seu campo de operação é a vida psíquica inconsciente, tal como ela se manifesta espontaneamente no sonho, graças ao sono; tal como, mais ativamente, pela regressão transferencial, a situação analítica a "descobre"; mas, ainda, tal como, por um método todo diferente, o artista a reatualiza na obra literária ou plástica; e tal como, por fim, as descobertas das ciências antropológicas e arqueológicas, quando trazem ao mundo formações primitivas e penetram-lhes bastante a significação, vêm perturbar a representação que o homem atual faz de si – abrindo para a questão das origens de novos enigmas, forçam-no a alargar o espaço

---

1   Freud, S. O inconsciente. In: _____. *Obras completas*, v. 12. Trad. P. C. de Souza. São Paulo: Companhia das Letras, 2010. p. 99-150.

da sua subjetividade e o autorizam, de uma só tacada, a um maior domínio do real e do mundo.

É um erro, assim como a palavra, essa falsa amiga, que nos impele a pensar o primitivo em termos de temporalidade. Seria até mesmo uma deriva "passadista" que carregaria esse conceito com uma nostalgia, entravando a sua pertinência científica, e alienaria o seu poder mobilizador das mentalidades individuais e coletivas. A obra, tão densa e tão inspirada, de Pierre Fédida contribuiu para com essa inversão de ponto de vista. O primitivo, para esse autor, não é "o que éramos" ou "o que fôramos", pois o que fomos constitui aquilo que somos – perde-se nisso, em se perpetuando. *O primitivo é aquilo a que* – porque subtraído do desenvolvimento, protegido da usura do tempo e do mundo – *nós ainda não chegamos*. O primitivo é o que, das origens, conserva a sua força trágica, a memória viva do assassinato e do incesto, o poder de enigma das representações que o ser nascente, em seu desamparo – para além da proximidade superficial dada pela resposta às necessidades básicas –, forja do outro naquilo que ele tem de estrangeiro, de dessemelhante, de inumano.

O primitivo não se separa da memória, entendida não como a ferramenta cognitiva do trabalho da lembrança, mas como inscrição no corpo e suas cinestesias, na carne das palavras, nas suas raízes; das experiências marcadas de violência e de solidão que o vivente atravessa em suas origens. Uma memória com ar memorial que se situaria nas franjas extremas da psique – tanto reunindo quanto desconjuntando –, corpo e espírito, linguagem e sensação; e que apenas a fala, no seu convívio íntimo e apaixonado com a imagem – por sua capacidade de atravessadora das fronteiras do tempo e do espaço –, está em condições de tornar legível, de desligar seu peso e de distribuir sua inspiração nas formas infinitas do pensamento e da consciência[2].

É a um "dever de memória" que o encontro com o primitivo nos convida, dever de nos apropriar do estrangeiro em nós mesmos que ele representa. *Erinnerung*, na língua alemã, indica claramente o movimento de interiorização que o trabalho da memória – ou melhor, o trabalho *sobre* a memória – convoca, na medida em que esta é mais exterioridade do que anterioridade; na medida em que ela se define como ruptura tópica,– o que Pierre Fédida formulava, poeticamente, ao nomeá-la como "o sítio do estrangeiro"–: o que redobra a sensação de familiaridade de onde a pessoa, o eu, tira as suas certezas e a quietude do seu bom senso. É uma "virtualidade do passado", que exige assumir o seu lugar no *Innere* do indivíduo e no interior do atual da cultura – donde o seu caráter conflitivo. Este tem a ver, primeiramente, com a desestabilização que a exumação das formações da memória primitiva induz nas organizações em vigor. Em seguida, tem a ver com a estranheza dos seus conteúdos, que, na passagem, na "transferência" entre dois mundos tão radicalmente opostos quanto aos seus princípios, às suas economias e às suas expressividades – como é o caso do mundo interior e a organização psíquica consciente, das organizações clânicas e as sociedades estatais de tipo ocidental – se dando a ver, na pior das hipóteses, como monstruosidades; e, na melhor, como curiosidades.

---

2   Esse motivo é recorrente na obra de Pierre Fédida. Encontraremos os seus desenvolvimentos mais explícitos em *O sítio do estrangeiro* (São Paulo: Escuta, 1996) – mais particularmente no capítulo 4.

138   O IMAGÉTICO OU A MEMÓRIA DO PRIMITIVO

Eis aqui um ponto no qual creio dever insistir, porque ele é a fonte dos mais graves mal-entendidos na relação que o homem moderno mantém com o que ele chama – não sem condescendência – de primitivo. Pensemos na figura do dito "unicórnio"[3] no santuário de Lascaux, representando um animal dotado de um corpo de jumenta prenhe, de membros de cervo e arvorando um corno para o qual não foi possível, até hoje, encontrar uma correspondência zoológica adequada. A estranheza dessa figura nos captura, até mesmo nos sidera – não nos reconhecemos nisso. Enquanto não pudermos dar, de cada um dos detalhes que a constitui, uma tradução numa palavra da nossa língua – e entender, nessa "composição", nessa formação condensada, o fraseado que a significa –, ela permanecerá para nós não somente estrangeira, mas também estranha, monstruosa. Pois na ignorância em que nos encontramos, para entender a semiótica em operação nessa construção pictural, nos reduz a só ver ali a imagem de uma figura lendária.

A estranheza, "o estranhamento", "l'étrangement"[4] – para retomar a tradução proposta por Jean Laplanche – não designa o estrangeiro, mas o pavor, o horror que toma conta do receptor diante da impossibilidade de encontrar, para a mensagem a ele dirigida, um correspondente exato na língua de que ele dispõe. A estranheza dita o afeto produzido pela impossível passagem de uma língua a outra, pela distância irredutível das semiologias em uso em compartimentos topicamente próximos, todavia, do espírito humano. A estranheza não é o efeito da oposição em si das organizações que controlam dois mundos; ela é uma causa dessa oposição e o efeito da impossível tradução mútua ou conversão recíproca deles.

---

3   Ver a obra, comentada por George Bataille, *La peinture préhistorique. Lascaux ou la naissance de l'art*. Genebra: Skira/Flammarion, 1980.

4   Bourguignon, A. et al. *Traduire Freud*. Paris: PUF, 1989. p. 101.

Pensemos, pelo contrário, na "pedra de Roseta": entre o sublime instante em que ela apareceu aos seus descobridores – para quem os signos "cabalísticos" que ela carregava devem ter causado espanto e veneração – e o instante, não menos sublime, em que Champollion pôde dar a ela uma tradução, palavra por palavra, na nossa língua. Tão logo resolvida a estranheza desse vestígio, ela continua sendo um objeto de veneração, porque transforma em história nossas origens e as tira parcialmente do obscurantismo do mito; ela certamente não é mais o objeto de espanto ou de chacota, de desprezo, com os quais – tão espontaneamente e por tanto tempo – o homem civilizado tendeu a tratar as produções dos primitivos designados por ele como "selvagens".

Pensemos, por fim, nas produções do delírio, no Presidente Schreber, assim como ele relata em *Memórias de um doente dos nervos*[5], sentado à sua penteadeira e contemplando amorosamente o reflexo que o espelho lhe dá da feminilidade do seu corpo enfeitado com joias. A análise impecável que Freud fez dessa conduta o levou a restituir, nas palavras da nossa língua, cada um dos significantes dessa linguagem de imagens e de gestos à qual a regressão psicótica tinha reduzido à expressividade desse infeliz[6]. Essa tradução, na qual é preciso ver o próprio espírito da interpretação, acaba dando razão a essa aparente loucura e dissipando o pavor que deve ter provado o seu entorno – e também, *a posteriori*, o próprio doente. Mas ela acaba ainda – como que por um jogo de espelho ao qual a reflexão teórica pode legitimamente aspirar – descobrindo que as formações primitivas, ruidosamente desveladas, de modo

---

5   Schreber, D. P. *Memórias de um doente dos nervos*. Trad. M. Carone. Rio de Janeiro: Edições Graal, 1984.

6   Freud, S. Observações psicanalíticas sobre um caso de paranoia (*Dementia Paranoides*) relatado em autobiografia. In: _____. *Obras completas*, v. 10. Trad. P. C. de Souza. São Paulo: Companhia das Letras, 2010. p. 13-107.

selvagem, nas produções do delírio pertencem à pré-história de todo sujeito humano, para o qual elas permanecem em estado recalcado. O recalcamento assegura ao indivíduo uma "normalidade", mas priva-o, assim, das fontes libidinais, do destino do amor a que essas etapas arcaicas da sexualidade teriam o poder de conduzir o ser humano.

Exemplaridade da categoria do primitivo, no sentido em que a descoberta que fazemos dela nos leva, por outro lado, a nos descobrirmos – não sem resistência nem sem um longo trabalho de assimilação! Uma vez que concerne a homens vivos a relação dos primitivos com os civilizados, que vai tanto ao sentido da integração dos primeiros aos segundos quanto no sentido inverso, da reorganização das mentalidades dos homens atuais em razão das informações culturais ou psicológicas dadas pelos primitivos – podendo a resistência a essa reorganização assumir a forma de uma destruição bárbara desses vestígios e dos seus testemunhos, e visar a uma redução da exigência de trabalho psíquico e cultural que eles nos imporiam. Acaso não se passa o mesmo com a etapa homossexual da sexualidade infantil, que a organização paranoica conserva na sua forma originária, e cuja descoberta nos permite, por si só, compreender – através do culto de amor que ali se devota à figura do pai – o fundamento, nas pessoas e na sua cultura, da lei e de sua autoridade?

Em determinadas sociedades tribais, raras – que ficaram fixadas, pelo isolamento geográfico ou econômico, a etapas primevas do desenvolvimento das instituições –, o culto dos mortos tem um caráter invasivo pelos rituais que eles comandam, a ponto de ameaçar a sua capacidade de adaptação à realidade exterior. Acaso esse mesmo poder não é relegado às figuras do ancestral? Esse mesmo poder de atração, exercido pela sua conservação em direção à morte e contra a vida, que a psicanálise contemporânea reencontra na organização melancólica do espírito; que ela reencontra, ainda, assim como nota Freud em "A dissecção da personalidade psíquica"[7], nas imagos inconscientes que, de geração em geração, os pais transmitem a seus filhos como formações superegoicas, interdições de pensar, e cujo desligamento o trabalho analítico deveria exigir?

É precisamente o reconhecimento disso que as instituições iniciadas pelo mundo primitivo contêm de pesquisas e de progressos morais e intelectuais – assim como o cuidado insistente em lhe reinsuflar o espírito no mundo da modernidade – que inspira, no fundo, os trabalhos de grandes agentes da antropologia contemporânea ou recente. Os trabalhos de Lucien Lévy-Bruhl sobre a "alma primitiva"[8], por exemplo: a problemática que ele elabora quanto a isso antecipa a descrição dos fundamentos inconscientes da vida psíquica tal como atualmente a psicanálise nos dá a ver. O mesmo para os trabalhos de Claude Lévi-Strauss[9] relativos à "proibição do incesto", da qual esse autor mostrou não somente o alcance estrutural universal, mas também o alcance indefinidamente estruturante na relação que homens e sociedades mantêm com o fato da linguagem.

Devo citar, ainda, nesse registro amplo da antropologia, Freud, e então – porque estamos, ao mesmo tempo, no terreno da psico-

---

7   Freud, S. Novas conferências introdutórias à psicanálise. In: _____. *Obras completas*, v. 18. Trad. P. C. de Souza. São Paulo: Companhia das Letras, 2010. p. 124-354.

8   Lévy-Bruhl, L. *A alma primitiva*. Trad. E. L. de Souza Campos. Niterói: Teodoro Editor, 2015.

9   Cf. seção "Linguagem e parentesco" (Lévi-Strauss, C. *Antropologia estrutural*. Trad. B. Perrone-Moisés. São Paulo: Cosac Naify, 2008).

logia individual – devo nele me deter; em Freud e, naturalmente, em todas as gerações de pesquisadores e de psicanalistas que se inscrevem em sua filiação. O que é que o primitivo representa para o pensamento psicanalítico? Uma resposta imediata, sem ambiguidade alguma, é a seguinte: o infantil. Mas, cuidado: não o infantil enquanto etapa primeva, começo do desenvolvimento do sujeito humano; não o infantil enquanto um momento da história individual, ainda que, na história de uma vida, a história da infância seja a mais rica, a mais fervilhante e a mais determinante... Mas, sim, como *tempo* e *lugar* onde convergiram, e se puseram em conflito, as exigências de trabalho psíquico e cultural.

A principal dessas exigências é a constituição de uma individualidade, repetição do muito provável movimento – ocorrido na pré-história da humanidade – através do qual um membro da horda se apartou da "psicologia coletiva" que comandava essa massa e edificou, na ruptura e na solidão, uma "psicologia individual", organizando um eu. A ficção que Freud reconstruiu desse acontecimento[10], e sobre a qual ele estava de acordo quanto a ser *just a story*, pertence ao imagético, tal como precisa ele próprio. Ela não passa de inúmeras metáforas com as quais o espírito se refestela quando ele se defronta com o abismo vertiginoso e lacunar das origens. Ela deve suscitar incredulidade. Mas se vai reconhecer, nessa atividade visionária – na medida em que ela se apoia num exame minucioso das formações arcaicas que esse acontecimento deixou no eu, como as identificações e as "relações de dependência", vestígios vivos e sempre atuais do pensamento clínico na subjetividade individual –, uma exigência científica essencial: abrir ao obscuro a via da visibilidade ou da legibilidade; e entender que a constituição da individualidade é feita de perdas e ganhos, que ela não é sim-

---

10 Freud, S. Psicologia das massas e análise do eu. In: _____. *Obras completas*, v. 15. Trad. P. C. de Souza. São Paulo: Companhia das Letras, 2011. p. 13-113.

ples saída de um caos originário, tal como as teogonias todas lhe construíram o mito – mas que ela implantou, na organização psíquica superior, os traços e as forças inalienáveis dessa civilização da horda, carregando definitivamente a memória do assassinato, da transgressão e do incesto.

A segunda exigência concerne à recepção – via a transmissão que se impõe aos genitores em razão da sua pertença à espécie humana – dos ganhos da filogênese e o tratamento dos "interditos" de agir, de pensar, de amar que o apego aos ancestrais e às suas instituições lhes interditou, a eles próprios, suspender. A terceira exigência não é nada além da consequência das duas primeiras, mas define mais especificamente aquilo que é a tarefa do espírito na sua "elevação" rumo à individualidade: a necessidade de converter esse fardo heterogêneo, anônimo, maciço de valores de natureza grupal, coletiva, em valores subjetivos. Mais que um momento na cronologia, o infantil designa o conjunto de afetos e de representações herdados pela criança dos seus predecessores imediatos e da longínqua massa da horda. O infantil designa aquilo de que o eu deve, ao mesmo tempo, *se fazer* – transformando-o na matéria da subjetividade – e *se desfazer* – instalando, em face do fechamento do seu eu, mas no sítio da sua pessoa, esse estrangeiro como aquele que responde imediatamente por ele. Na situação analítica, pela transferência, é esse lugar de estrangeiro que o analista ocupará.

Metáforas, essas construções "imagens", um tanto fabulosas dos começos! Mas não vamos negligenciá-las, pois elas deixam que se delineie o caráter altamente contraditório das forças em jogo nesse movimento da subjetivação. Elas refletem o antagonismo das atrações nas quais, como que em redes, o eu é tomado e às quais ele deve alternadamente resistir: atração para o retorno às instâncias primevas, pré-individuais, rumo à massa, à indiferenciação – isso que a psicopatologia das psicoses testemunha amplamente–; atração para a frente e para o desenvolvimento sob a influência dos cuidados parentais. Como a psicopatologia das neuroses testemunha, a primeira dessas atrações atravanca a segunda. Pela inércia que lhes é própria, pela sua tendência inexorável a se conservar, as formações oriundas da filogênese poderiam representar – naquilo que circunscrevemos, na psique, como infantil – a sua parte especificamente primitiva, "o primitivo do infantil".

É, em todo caso, o que entendo na leitura de "Pulsões e destinos da pulsão"[11], esse texto primeiro e visionário que Freud consagra à metapsicologia. A tendência originária do aparelho psíquico é trabalhar, escreve ele, pela descarga de toda e qualquer excitação, com vista ao "grau zero" das tensões internas. O jogo das pulsões – ora em concordância com as necessidades biológicas, ora "compensando-as" – opõe-se a essa tendência e sustenta a vida psíquica e o seu desenvolvimento. A multiplicidade das pulsões, tal como postulada pelo autor – as distâncias que elas mantêm entre si quanto a seus fins e seus respectivos objetos, e que fundam aquilo que Freud chama de "ambivalência" da vida psíquica – não se compreenderia sem a referência a esse legado de representações e de afetos. Um legado que é transmitido ao sujeito "interferido" [intromis] – diz muito justamente Jean Laplanche – pela língua na qual ele está imerso muito tempo antes de se apropriar dela; e por essa linguagem mais idiomática – tomando emprestada a sensorialidade da imagem e do gesto – que transmite à criança, através dos cuidados providos por seus pais, as suas mensagens enigmáticas.

---

11 Freud, S. Pulsões e destinos da pulsão. In: _____. *Escritos sobre a psicologia do inconsciente*: Obras Psicológicas de Sigmund Freud, v. I. Trad. L. Hanns *et al.* Rio de Janeiro: Imago, 2004. p. 133-174.

O processo de subjetivação que cada ser humano reconduz e renova na singularidade do seu destino poderia se representar *in fine* como o desligamento e a reconversão, num jogo pulsional caleidoscópico, da concretude da herança recebida – cada pulsão trabalhando individualmente para restabelecer um estado anterior da vida do grupo originário ou da vida precoce do sujeito.

Seria preciso considerar que, com a noção de pulsão, Freud deu ao primitivo a figura mais precisa e apurada que há, fazendo assim prevalecer o que seria "a atualidade infinita do passado" – a força que, na vida psíquica e cultural, impele à conservação do anterior, à sua repetição. Mas também a força contra a qual – instaurando a conflitualidade do humano pelos movimentos que procedem do contrainvestimento, do recalcamento, da recusa ou da clivagem – trabalham tanto o progresso psíquico quanto o movimento civilizador.

O primitivo não se concebe fora da sua radical oposição à progrediência, não mais do que o progresso não se concebe fora da sua oposição à conservação. Essa é a contribuição de Freud, realmente nova e muitíssimo bem aceita – caso se julguem as linhas que Claude Lévi-Strauss lhe consagra – na antropologia contemporânea, tanto quanto na ciência psicanalítica, em seu método e no projeto psicoterápico que o anima.

A noção de pulsão – por mais abstrata e especulativa que possa parecer ao nosso entendimento – constitui, na prática analítica, a referência sem a qual nem a transferência seria representável, nem a sua interpretação seria possível; e com a condição de que não se perca nunca de vista o horizonte que a circunscreve – a saber, a defesa que ela inspira e da qual o recalcamento é o paradigma absoluto. Com efeito, tal como escreve Freud no texto precitado, a pulsão só pode ser reconstruída metapsicologicamente e a partir das defesas que o eu opõe a ela: a *pulsão* é o que inicia um movimento de afeto e de "representância"[12] com o qual a *defesa* – isto é, o eu e o seu equipamento perceptivo e cognitivo – fabrica tecido psíquico. Essa gênese indireta da organização psíquica dá naquilo que tentamos abordar com a noção de primitivo, concebido menos em sua realidade factual do que como força inspiradora, animadora do desenvolvimento psíquico e cultural.

Decerto Freud consagrou ao primitivo em si trabalhos importantes e conhecidos: "Psicologia das massas e análise do eu", "Totem e tabu"[13]. As referências ao originário, indicadas em alemão pelo prefixo *ur*, são ali explícitas – como fórmulas doravante célebres relativas ao *Urmensch* (o homem originário) e ao *Urvater* (o pai das origens) ou, ainda, à *Ursprache* (a língua fundamental). Mas é nesses textos que Freud é mais freudiano? As lições que ali são dispensadas concernindo à vida primitiva e ao papel que ele atribui ao líder da horda suscitam nos antropólogos críticas severas e fundamentadas. "Totem e tabu" – pelo paralelismo que ele instala entre os interditos rituais aos quais se submeteriam os primitivos e as inibições e compulsões com as quais se atormentam os obsessivos – aclara mais a clínica dessa neurose do que dá conta da obsedante religiosidade na qual parecem ter estado imersos os primeiros homens. É difícil evitar cair na ingenuidade, quando uma

---

12 Sobre a importância desse conceito, ver L. Kahn, "Car maintenant tout n'est que processus", *Libres cahiers pour la psychanalyse*, n. 14 ("Regards sur le rêve"). Paris: In Press, 2/2006. p. 157-179 [Artigo disponível online pelo DOI 10.3917/lcp.014.0157 [N.T.]].

13 Freud, S. Totem e tabu. In: _____. *Obras completas*, v. 11. Trad. P. C. de Souza. São Paulo: Companhia das Letras, 2012. p. 13-244. [N.T.]

ciência – cujas raízes estão fincadas na psicologia individual – reivindica transportar o seu método e o seu saber para o campo antropológico mais extenso do *socius*, em que grassam problemáticas estruturais e simbólicas das quais o sujeito depende mais do que elas dependem dele, e para as quais o método próprio à psicologia individual não é mais adequado.

A oposição entre esses dois termos, "coletivo" e "individual", tem limites – assim como a oposição, "primitivo" e "civilizado". Por que certas sociedades ou tribos permaneceram num estado arcaico do desenvolvimento humano, conservando ferramentas e armamentos conhecidos nossos, mas abandonados há tempos; e conservando, também, usos sociais e instituições morais e políticas que continuam sendo, para nós, bem mais enigmáticos? A resposta para essa pergunta não admite dúvida: é o isolamento geográfico, a ausência de todo e qualquer contato com outras populações, que os condena à manutenção de uma evolução julgada por eles como sendo, no fim das contas, satisfatória – o que não exclui como a maioria dos antropólogos considera que, no interior dessa organização, uma evolução incessante ocorra. A maior prova é dada pelo fato de que, assim que essas tribos "encontram" a civilização, fundem-se a ela rapidamente; adotam, sem grande resistência, os bens e os usos que a modernidade lhes oferece, a menos que – como acontece na Austrália com os aborígenes – o civilizador proteja as tradições delas, criando conservatórios – o que parece uma medida tão benfazeja quanto suspeita, pelo menos, de ingenuidade... É claro que não é possível excluir que forças afetivas internas a essas organizações contribuam "inconscientemente" para com seu isolamento e, logo, para sua conservação; entretanto, até onde sei, nenhum trabalho científico deu testemunho disso.

Na psicologia individual, a relação do primitivo com o civiliza-do se coloca totalmente de outra forma: é sempre de um "retorno" que se trata; de uma "regressão" que parte de uma etapa avança-da do desenvolvimento rumo a um estado anterior. Graças a um acontecimento traumático que o relacionamento com seu ambien-te afetivo lhe infligiu – e que, aliás, não é sempre possível locali-zar –, o "doente" abandona uma organização psíquica "superior" e reinveste numa organização passada que, no seu tempo, deve ter lhe trazido satisfações indubitáveis; e que ele considera que o pro-tegia com mais firmeza da hostilidade do mundo e da frustração dos seus objetos. A regressão psíquica, na qual Freud – desde o início de sua pesquisa, desde os "Estudos sobre a histeria"[14] – viu a impulsão que comanda todos os processos psiconeuróticos, afeta diferentemente as componentes gerais da organização de partida. Ora é a libido que é reduzida às suas figuras infantis da oralidade ou da analidade, à sua avidez nativa e aos seus objetos primevos incestuosos ou narcísicos; ora são as representações que são despo-jadas, pela regressão, do seu realismo perceptivo – representações cujo alcance fantástico e aterrorizante, assumido para a criança em seu desamparo, ela exacerba; ou cuja figura, nos casos extremos, ela pura e simplesmente aniquila.

O resultado, em todo caso – num espaço psíquico que tiver conservado parcialmente as instituições próprias à organização superior as quais o sujeito tivesse tido acesso –, é a reinstalação, a restauração de isolados primitivos no seio dos quais os princípios que os governam, a expressividade pela qual eles se manifestam bem como a moeda libidinal que aí circula, voltaram a ser abso-lutamente estrangeiras e tremendamente estranhas ao resto da

---

14 Breuer, J.; Freud, S. Estudos sobre a histeria. In: _____. *Obras psicológicas completas de Sigmund Freud – Edição Standard Brasileira* (ESB), v. II. Rio de Janeiro: Imago, 1996. [N.T.]

vida psíquica. A partir da sintomatologia por vezes grotesca, mas sempre infiltrada de angústia, através da qual se manifestam a outrem essa revolução e essa involução da subjetividade, o trabalho analítico deve – tal como Freud exemplificou nas *cinco psicanálises*[15] – seguir, passo a passo, as vias da formação, até acessar os conflitos estruturais, linguísticos e econômicos que imperam nessa partição psíquica.

As mesmas exigências – que estávamos examinando para a língua do sonho – de *tradução* dos códigos semiológicos que estruturam a formação psíquica na sua versão primitiva e na sua versão superior; a mesma correspondência dos estados da representação numa e noutra; e, por fim, a *conversão* dos afetos que comandam as suas respectivas economias: essa é *in fine* a visada da interpretação. Isso é o que a situação analítica permite, quando a transferência se tornou visível, uma expansão "natural" do espaço psíquico – do qual algumas frações se inscrevem sem ambiguidade no atual, enquanto outras permanecem, na fascinação e na nostalgia, sendo tentadas pela conservação do primitivo.

Por que isso é assim na psicologia individual e aparece tão pouco – ou de forma pouco evidente – na psicologia coletiva? A resposta para essa pergunta está dada na obra de Freud: não tanto nos textos consagrados ao primitivo, ainda que aí ela não seja evitada, mas bem mais nos textos metapsicológicos, em que esse conceito de primitivo parece constituir o objeto de uma nova fonte epistemológica absoluta, de uma reformulação em termos psica-

---

15   Freud, S. *Cinq psychanalyses*. Trad. F. Kahn; F. Robert; R. Lainé; J. Stute-Cadiot; J. Altounian e P. Cotet. Paris: PUF/Quadrige, 2014. As "cinco psicanálises" de Freud, ali reunidas, são: o caso Dora, o pequeno Hans, o homem dos ratos, o presidente Schreber e o homem dos lobos. [N.T.]

nalíticos estritos – tanto que, se neles a palavra não é mais citada, a realidade da coisa, sua insistência ali explode.

A resposta dada por Freud para essa questão da singularidade da psicologia individual, que vê o destino das pulsões confluírem indefinidamente para a conservação do primitivo – e sejam quais forem os progressos que o eu, através da sua evolução, tire delas –, é a seguinte: *a fixação* "cega e surda", apaixonada, pela qual o ser se apega aos primeiros objetos que lhe trazem os cuidados que o seu desamparo exige, e que lhe trazem também os desejos e as aversões que lhes dizem o desamparo deles, antigo ou atual. Um apego tão potente que somente uma parte dessa sexualidade originária edipiana poderá tomar o caminho da objetalidade ordinária e da sublimação; tão inexorável que o recalque continua, no fundo, impotente no que se refere a deter sua pretensão, a represar o seu curso para dar ao eu o espaço e a liberdade do seu desenvolvimento, e o condena – também ele – à incessante repetição da defesa.

No texto que consagra a esse mecanismo[16], Freud mostra justamente a proximidade com que ele toma o primitivo e o pulsional e a solidariedade inflexível que liga o primitivo e o civilizado: ele evoca ali a ideia de uma *Urverdrängung*, de um "recalque originário". Nesse conceito – sem dúvida, mais especificamente freudiano do que o de *Urmensch*, porque reata o primitivo não mais com uma figura antropomórfica necessariamente fabulosa, mas com um mecanismo e uma estrutura psíquicos –, vejo o ponto derradeiro em que o civilizado se separa do primitivo e onde o primitivo se institui contra o civilizado; o ponto derradeiro em

---

16 Freud, S. O recalque. In: _____. *Escritos sobre a psicologia do inconsciente*: Obras psicológicas de Sigmund Freud, v. I. Trad. L. Hanns et al. Rio de Janeiro: Imago, 2004. p. 176-193.

que a pulsão dá forma à defesa e em que a estrutura conflita a pulsão. A título disso, o recalque originário poderia ser o *analogon*, na psicologia individual, disso que representa, na psicologia coletiva, a proibição do incesto.

É comovente ler, nas últimas páginas de "Além do princípio do prazer", a constatação – sem amargura, por ser realista – a que a especulação conduz Freud: o progresso na espécie humana não tem nada do dado, do revelado, como o pensamento religioso gostaria de nos convencer; ele não passa da consequência do fracasso do recalcamento (e, mais além, da proibição do incesto); fracasso que obriga o recalcado a inventar novas vias mais indiretas de satisfação. Assim, o superior é apenas a recondução, às esferas ditas civilizadas, das forças vivas em operação no desejo primitivo.

Para ilustrar e resumir a nossa tentativa de trazer à luz as respectivas situações do primitivo e do infantil no atual do psíquico e da cultura – e para terminar –, deixo a palavra a Pierre Fédida. Na fulgurância e na poesia de um pensamento, que era só dele, relativo ao duplo movimento de *translatio* e de *traductio* que constitui a transferência, ele escreve o seguinte:

> *Essa transferência de almas implica que a Seele (a alma), ao se traduzir, transmita genealogicamente a alma anterior – que se pode designar como a alma do ancestral. [...] Se a alma é essa forma ancestral própria à genealogia de um indivíduo e à memória da espécie, ela não é simplesmente "transladada" do genitor à criança. A criança [...] em sua corporeidade sexual, na orla da linguagem, é*

que confere a mais intensa e fugidia legibilidade à forma – por definição, "fóssil". [...] A cópia da alma ancestral poderia ser dita a forma fóssil do ancestral.[17]

---

17 Fédida, P. O interlocutor. In: _____. *O sítio do estrangeiro*: a situação psica-nalítica. Trad. E. Leite; M. Gambini; M. Seincman. São Paulo: Escura, 1996. p. 112.

7. A ironia

"Ho, ho, meu rapaz! Você está aí, amigão?/Vamos lá! Não ouviram o camarada da adega? [...] Muito bem, ratazana! Você cava depressa embaixo da terra, hein? O rei da mineração!"[1] É assim que Hamlet, no primeiro ato da tragédia, insulta o rei defunto cujo espectro lhe aparecera e que fez o relato do seu infortúnio. Para os colegas do príncipe, mantidos à parte desse encontro fantástico, é "somente um turbilhão de palavras desconexas"[2] – como afirma Horácio –; não passam de sarcasmos e bobeira. Mas, para o espectador que assistiu ao estranho encontro e foi testemunha da terna e dolorosa compaixão que esse filho manifestou pelo seu pai, essas apóstrofes soam totalmente de outra forma: elas estão em uma tamanha contradição com os sentimentos, que Hamlet manifesta ser o seu teor irônico que se impõe ao entendimento. Uma ironia estridente que arranha os ouvidos.

---

1 Shakespeare, W. *Hamlet*. Trad. M. Fernandes. Porto Alegre: L&PM, 2014. p. 40 (ato I, cena 5).

2 *Ibid.*, p. 39.

154   A IRONIA

A ironia, segundo Du Marsais em seu *Traité des tropes* [Tratado de tropos][3], é uma figura pela qual a gente faz, voluntariamente, entenderem o contrário daquilo que se diz – mais pelo tom da voz ou pelo conhecimento da maneira de pensar daquele que se exprime do que pelas palavras empregadas. Assim, o conhecimento adquirido pelo espectador da alma de Hamlet lhe dá a pensar que, longe de zombar do rei, essas palavras visam a um fim totalmente outro. Elas são, sem dúvida alguma, do foro da enunciação; são, aparentemente, endereçadas ao rei; pertencem de pleno direito ao "campo do discurso" e, contudo, o uso delas não se inscreve na comunicação com outrem. É a ele próprio que Hamlet se dirige, não para exprimir um desdém qualquer que a ambivalência do seu "complexo paterno" provocaria, mas para evitar o perigo a que essa experiência fantástica o expusera, a evidência alucinatória da aparição de um fantasma. Esse perigo – a sequência desdobrará a sua feição – deve-se ao desejo de suicídio que então se apodera da alma de Hamlet.

Essa é a contribuição que a psicanálise pode trazer a essa figura tão enigmática da ironia: a ironia é um ato de fala de uso estritamente interno, que visa a restaurar – em face de um imenso perigo, de um perigo mortal – o equilíbrio psíquico daquele que a produz. Ela assegura uma função "utilitária", vital e trágica, e é simultaneamente do foro do discurso e do da ação psíquica. Essa contribuição não está em contradição com a definição linguística dada por Du Marsais; ela articula à função psíquica inconsciente que realiza esse tropo.

A história trágica de Hamlet, pela sua potência poética e pela sua penetração audaciosa da alma, nos informa quanto à

---

3   Du Marsais. *Traité des tropes*. Paris: Le nouveau commerce, 1977. p. 141-142.

função e aos mecanismos da ironia. O herói não se resigna à realidade da morte de seu pai; algo nele inibe o seu engajamento num trabalho de luto. A via que se impõe a ele é a de uma recusa "melancólica" dessa perda; ele quer permanecer na presença dele, recorrendo aos recursos que as artimanhas do inconsciente lhe oferecem.

A primeira dessas artimanhas é o suicídio, que o pensamento melancólico identifica menos à violência de um ato mortífero do que a uma maneira de escapar das misérias da vida. Um dos propulsores dramáticos dessa tragédia consiste em encenar o conflito em que o enlutado é jogado entre a obediência à lei moral de viver e a sua transgressão passional – que consiste em morrer por amor ao objeto perdido. A lei o empenha num primeiro momento; Hamlet resiste à tentação melancólica: Oh, que esta carne tão, tão maculada, derretesse,/Explodisse e se evaporasse em neblina!/Oh, se o Todo-Poderoso não tivesse gravado/Um mandamento contra os que se suicidam./Ó Deus, ó Deus!/Como são enfadonhas, azedas ou rançosas,/Todas as práticas do mundo![4]

A segunda consiste em abdicar da percepção do mundo, em romper a relação que a realidade impõe ao sujeito. A loucura – que, ao longo da peça, Hamlet fingirá, ironicamente, simular – é justamente o apanágio ao qual ele irá recorrer para escapar ao *diktat* do agravo sinistro. O encontro com o espectro representa o seu ápice. Por uma intuição profunda, o autor põe em cena todas as facetas, todas as complexidades e as cumplicidades que a sua visão considera como sendo o alucinado: sua realidade é inegável, tudo o convence disso – seus sentidos; os testemunhos que, por meio de Horácio, Marcelo e Bernardo, ele fabricou para si; a exi-

---

4   Shakespeare, W. *Hamlet, op. cit.*, p. 23.

gência de vingança que fundamenta logicamente a aparição. Só a ironia perceptível pelo espectador nos sarcasmos endereçados ao espectro virá testemunhar, *a posteriori*, o recuo que o espírito de Hamlet conservou diante da ilusão dos seus sentidos, da crítica que ele pôde ainda opor à realização do seu desejo.

Longe de ser o "golpe de teatro" em que a dramaturgia disfarça, com uma sutileza magnífica, a miséria subjetiva da alucinação, essa aparição constituía, bem antes da sua realização, o objeto de um desejo inconsciente; ela era como que ordenada por uma necessidade interna imperiosa. A leitura do texto shakespeariano não deixa, nesse ponto, nenhuma dúvida – mesmo que, no seu desenrolar teatral, o fragmento que vou citar escape à escuta consciente do espectador; apodere-se dele mais do que ele o captura; continue como um motivo obscuro, imperceptível diretamente, e que só opere uma reduplicação do motivo principal. Hamlet encontrou Horácio, seu colega de Wittenberg. Eles estão falando do rei, cujas exéquias explicam a presença dele em Elsinor. Hamlet desabafa a sua dor. É preciso extrair esse curto diálogo do texto para nos dar os meios de entendê-lo:

> *HAMLET – [...] Preferia ter encontrado no céu meu pior inimigo/Do que ter visto esse dia!/Meu pai – estou vendo meu pai, Horácio!*
> *HORÁCIO – Seu pai? Onde, senhor?*
> *HAMLET – Com os olhos da alma, Horácio.*
> *HORÁCIO – Eu o vi uma vez; era um belo rei.*
> *HAMLET – Era um homem – e nada mais importa. Jamais haverá outro como ele.*
> *HORÁCIO – Senhor, acho que o vi ontem de noite.*
> *HAMLET – Viu quem?*

HORÁCIO – O rei, seu pai.
HAMLET – Meu pai? O rei?[5]

Foi justamente com os olhos da alma que, tanto Hamlet como Horácio, viram o rei.

Entre o "desejo" da alucinação e a sua realização permanece, para a vida psíquica, uma distância considerável, da qual Hamlet terá, no assombro, a experiência. A tão esperada visão com a qual o herói se confronta tão bravamente o instala, quando ele recobra a consciência, num pânico do qual a postura bufona que ele então adota é testemunha. É preciso – para consumar a nossa reflexão e compreender o lugar que a ironia vai ocupar aí – se interrogar sobre a origem desse pânico. A estranheza que suscitam as almas penadas, o retorno dos mortos queridos, é bem conhecida e compreensível. Com frequência acontece de termos experiência disso em nossos sonhos ou em nossos pesadelos. Ela testemunha a tendência à conservação que caracteriza a vida anímica. Não nos separamos facilmente daquilo que amamos.

A isso se acrescenta a aversão que o eu reconstituído desenvolve, *a posteriori*, contra toda e qualquer produção do inconsciente que uma determinada regressão psíquica lhe impôs. Pode-se, quase que excessivamente, imaginar a alucinação como o equivalente, na vida desperta, do sonho na vida noturna. Uma moção de desejo inconsciente mantida à parte da consciência pelo recalque aproveita uma fraqueza pontual do eu, neutraliza a sua atividade e ocupa todo o espaço psíquico das suas figuras fantásticas e dos seus afetos monstruosos. A despersonalização é a companhia obrigatória da

---

5   *Ibid.*, p. 25. (Trad. modificada.)

alucinação. Com a resolução deles, o eu tem dimensão do perigo que atravessou e da ameaça que incidiu em sua unidade. Ele sempre reage a isso – a experiência clínica é aqui categórica – se impondo guardar segredo absoluto sobre esse acontecimento psíquico; um segredo análogo àquele que Hamlet exige, por juramento, da parte dos seus colegas e que o espectro vem subterraneamente repetir – *swear, swear, swear,* jure... Na sua engenhosidade com a arte teatral, Shakespeare atribui a esse segredo, no plano manifesto, o valor de uma estratégia política – ele será o instrumento da vingança por vir –, enquanto, para Hamlet, é, em face da alucinação, a própria condição da sua sobrevivência psíquica. Como "o teatro no teatro", o "segredo no segredo" puxa o espectador em direção à sua participação inconsciente no propulsor mais dramático dessa tragédia: o abalo psíquico induzido num filho pela morte de um pai.

Para se contrapor à tentação do suicídio despertada pela morte de seu pai, Hamlet recorrerá, então, à alucinação que lhe permite a sua presença. Mas esta, paradoxalmente, reconduz ao suicídio por um desvio de grande importância – por desvelar a origem mais essencial do pânico que assola Hamlet. É também nesse ponto que ganha corpo – entre perigo e salvação, entre ato psíquico e ato de fala – a figura da ironia. Os etnólogos nos ensinaram que, para a alma primitiva, os mortos permaneciam ameaçadores por muito tempo, porque se acreditava que eles se recusavam a partir do mundo dos vivos, a partir sozinhos, e tentavam – através de poderes mágicos – levar os seus próximos com eles. Isto é fato: a alma primitiva nunca desaparece. Ela se retira nos recônditos do espaço psíquico; continua sendo a base filogenética do espírito civilizado. A regressão que a alucinação exige reativa-lhe os modos de pensar e os figura. Hamlet se dirige ao espectro:

[...] O que quererá dizer, cadáver morto, tu, assim,
De novo em armadura completa, vir nos revisitar
Aos fulgores da lua, tornando sinistra
A noite luminosa, enquanto nós, joguetes da natureza,
Sentimos o pavor penetrar nosso ser.
Por pensamentos muito além dos limites que alcança-
mos?
Diz por que isso! Com que fim? Que devemos fazer?[6]

Assim Hamlet se dirige à sua visão, antes que, através de um sinal com a mão, o espectro não o chama para se afastar com ele e lhe entrega a sua mensagem, antes que a alucinação visual se complete com uma alucinação auditiva. Por uma alquimia que, para nós, continua em parte obscura, o objeto do desejo da alucinação torna-se um sujeito suspeito, ele próprio, de desejo. O apelado vira apelante; o desejado, desejante. Logo depois dessa arenga, Horácio reformula e precisa a dúvida que invadiu Hamlet:

Mas, senhor, e se ele o arrastar para o oceano,
Ou pro cume apavorante dessa rocha
Que avança pelas ondas e aí,
Assumindo uma outra forma mais horrível,
Privá-lo do império da razão
E precipitá-lo na loucura?[7]

Para o ser ordinário que o real alimenta com suas belezas e suas fontes, a morte é só morte, "a horrível ceifadora". Mas para aquele que perdeu o objeto da sua paixão – cuja economia psíqui-

---

6   *Ibid.*, p. 33.
7   *Ibid.*, p. 34.

ca orientou-se exclusivamente em direção ao retorno do defunto, como se vê tão claramente no diário que Novalis escreveu após a morte de Sophie von Kühn –, aquele para quem o mundo estará doravante desabitado, então a morte surge como a sedução derradeira. Talvez seja esse alcance sedutor da morte que inverta a corrente do desejo: aquele que eu convoco junto a mim torna-se aquele que me convoca junto a ele.

No tão conhecido poema – e que deve a essa intuição a sua celebridade –, Goethe inscreveu admiravelmente nas figuras do discurso poético esse chamado dos mortos aos vivos que assombra, feito vozes, a psique da criança melancólica:

> – *Vem comigo, meu lindo! Ah, vem comigo! Vens?*
> *Contigo jogarei jogos bem divertidos;*
> *Muitas, garridas flores nas minhas ribas tens,*
> *Minha mãe tem para ti muitos áureos vestidos.*
> *[...]*
> *Minhas filhas verás! Dançam noturnas danças,*
> *E assim te embalarão, a dançar e a cantar.*[8]

O rei dos álamos que a criança vê e ouve, numa verdadeira alucinação – no "floco da bruma" e nas "folhas secas com que o vento anda em murmurinho" –, atrai a criança para ele com palavras capciosas; e, daí, faz-se mais ameaçador e, caso se queira entender o alcance das palavras de Goethe, mais erótico:

---

8   Goethe, J. W. von. O rei dos álamos (Trad. E. de Castro). *Publicações do Instituto Alemão da Universidade de Coimbra*. Coimbra, 1932. (Trad. modificada.) [Disponível no site da Fundação Calouste Gulbenkian:<http://www.musica.gulbenkian.pt/cgi-bin/wnp_db_dynamic_record.pl?dn=db_notas_soltas_articles&sn=pontos_de_vista&rn=45&pv=yes> [N.T.]]

– Tu me excitas assim, com essa linda figura,
Não resistas, senão a força empregarei.

A aliança que, no espírito melancólico, se instaura entre amor e morte erige esta última numa figura violentamente sexual, tão atraente quanto culposa. A morte que tirou o objeto amado torna-se, por metonímia e condensação, o seu representante. Essa operação "confunde" a consciência do sujeito, para quem o suicídio equivale a um ato de amor. Não se engana a opinião que discerne nesse gesto uma forma particularmente maligna de "perversão" e lança sobre ele a sua maldição. Ao contrário da morte nobre heroica, a morte por suicídio é, para ela, a "morte ignominiosa". Essa inversão dos valores morais tira, antes mesmo do seu ato, o suicida da sua comunidade. A melancolia poderia ser o paradigma absoluto da solidão.

Mas compreende-se também a dificuldade que o sujeito experimenta em resistir a isso, uma vez que certas circunstâncias despertaram nele esse desejo. Não há a menor sombra de ironia em *O rei dos álamos*, onde tudo conflui para levar o discurso poético ao grau do trágico absoluto – seu ritmo calcado no galope inexorável do cavaleiro; a incessante resposta dos *mein Vater, mein Sohn*[9]; a cor uniformemente sombria das imagens evocadas. Ao contrário de Hamlet, em que chistes, cutucadas, tiradas, sentenças com duplo sentido ou com fundo falso jorram livre e intensamente da boca do personagem... até que o recurso a esse instrumento lhe seja, por sua vez, negado e que a peça passe em direção às trevas e ao horror.

Enquanto Hamlet é irônico, ele permanece vivo. Ele contém, por meio desse uso da palavra, a orientação mortífera que a morte

---

9   Do alemão, respectivamente: "meu pai", "meu filho". [N.T.]

de seu pai lhe dita. No exemplo que dei, observamos uma versão formalmente minimalista da ironia: ela não tem o caráter brilhante que apreciamos nela, não é cheia de espírito; é uma figura quase grosseira do discurso, beirando o insulto – mas que só não é grosseira por ser trágica. Ela conserva da ironia apenas o fato de deixar entender o contrário do que se diz e traz à tona, quando muito, o seu alcance utilitário, auxiliar. "Ratazana", "farsante", "camarada", "amigo": a questão não é saber o que Hamlet diz com essas palavras, mas o que elas fazem – elas são o ato de enunciação pelo qual ele recalca o assombro da experiência alucinatória e pelo qual ele recusa a fascinação que a aparição do espectro exerceu sobre ele. Elas invertem o valor erótico da troca; substituem o amor pelo desdém, a atração pela aversão. A ironia, operação de discurso, inverte os valores que devem ser atribuídos à realidade e à sua percepção. A tal ponto que, para mim, é esse traço que seria a sua essência e reuniria as múltiplas formas que ela é suscetível de adotar.

A enunciação na ironia acompanha, então, o ato psíquico pelo qual o sujeito, seu eu, subtrai-se à fascinação da morte; desapega-se dos perigosos desejos inconscientes reanimados pela situação traumática. Nesse sentido, ela conflui para assentar a postura reivindicada por Hamlet e cuja importância toda Yves Bonnefoy ressaltou na base antropológica do pensamento de Shakespeare: *to be in readiness*, não estar preparado – como se traduz às pressas –, mas se desinteressar, se desapegar dos desejos arcaicos e do sentido em que eles orientariam as nossas condutas. Ele escreve:

"*Readiness*", não é ultrapassamento da própria ideia de sentido que abre alas para a plenitude do imediato no Oriente; e, sim, o grau zero de um sentido cuja lembrança permanece viva, cujas estruturas perdidas são julgadas desejáveis, cuja necessidade é, até mesmo, praticamente declarada...

Por intermédio desse desapego, o eu renuncia ao reino do desejo para permanecer soberano dele próprio. É assim que Hamlet emprega a ironia. Vamos escutar Bonnefoy outra vez:

> *A nova relação do soberano com si mesmo, sem o reino, não é a paz, um grande riso cristalino que acaba com a antiga preocupação; pelo contrário, é um afinamento do sofrimento invicto, e sua redução a uma nota superaguda, quase inaudível e, no entanto, onipresente – a ironia –, e que só é engraçada ou causa riso por recobri-la com a sua nostalgia[10].*

---

10 Bonnefoy, Y.; Naughton, J. T. Readiness, Ripeness: Hamlet, Lear. Prefácio da edição citada, p. 15-16 [*La tragédie d'Hamlet*. Trad. Yves Bonnefoy. Paris: Folio classique. Em inglês: *New literary history*, v. 17, n. 3 (Interpretations). Spring, 1986. p. 477-491 [N.T.]].

8. Enunciação, denunciação

A palavra "fetiche" teria sido forjada no século dezesseis, por viajantes portugueses, para designar os ídolos adorados pelos indígenas. Ela foi, primeiramente, um neologismo construído a partir da palavra "factício". Para esses colonizadores, esse pensamento religioso só podia ser erro e ilusão – essas tribos recém-descobertas veneravam deuses falsos. É surpreendente que eles não tenham aproveitado mais dessa experiência para interrogarem as suas convicções pessoais e se perguntarem se as figuras de Cristo na cruz e da *Mater Dolorosa*, que povoavam as encruzilhadas de suas terras, não seriam da ordem da mesma facticidade.

Essa ingenuidade dá o que pensar. Ela desvela um uso da linguagem que também concerne a nós, muito particularmente no campo da psicose: o ato de enunciação pelo qual nomeamos uma realidade atual oferecida à nossa percepção visa, justamente, no mesmo movimento, a conjurar uma realidade interior que essa percepção ativou. No momento preciso em que aquilo que os portugueses viam podia lançar uma dúvida sobre o conteúdo da sua crença própria, a palavra que eles escolheram não se contentava em designar a coisa percebida; ela visava a atribuir a dúvida à crença do outro. A designação é, nesse sentido, indissociável de uma projeção. No momento em que a língua abre para um conhecimento mais extenso do mundo exterior, ela fecha o conhecimento concomitante do mundo interior; ela se revela ser, simultaneamente, ferramenta de conhecimento e de desconhecimento.

Enquanto a percepção varre um campo do real que continua relativamente neutro ou indiferente, as palavras que ela convoca não têm outra constrição além de enunciar o que é visto. Elas dizem o que é: que uma mãe é uma mãe, por exemplo. Mas, uma vez que a percepção se aproxima de uma realidade suscetível de atiçar o desejo daquele que é o sujeito da fala – como o fato de uma mãe ser também uma mulher –, então é incumbida às palavras a tarefa de tratar a conflitualidade oriunda do encontro entre o real e o desejo. Elas devem, então, dizer e calar; enunciar o real e recusar as evocações inconscientes despertadas pela percepção desse real. Então, a enunciação é obrigada a se fazer denunciação.

Assim é! O homem, no uso da sua fala, está a serviço de duas realidades inconciliáveis: a do seu desejo, que ele só pode reprimir parcialmente, e a da realidade que, apesar das suas exigências sexuais, precisa encontrar um lugar. Diante desses antagonismos, ele só pode se valer da artimanha. Nessa franja do real que beira o desejo, coloca-o em crise e o desonra, a substituição da enunciação por uma denunciação é a própria artimanha; não se pode fazer de outro modo – exceto opor a essa artimanha originária, impulsiva, uma segunda artimanha que restaure parcialmente a fraqueza do discurso e que visaria não colocar injustamente, naquele de quem se fala, a culpa da qual se livra aquele que fala.

Pensemos na palavra "perversão", da qual o fetichismo não passa de uma das manifestações entre muitas outras. No plano científico ela designa, sem ambiguidade, uma "prática" amorosa, consciente ou inconsciente, bem conhecida desde antes de Freud – mas que ele soube aproximar, quanto ao seu proceder particular, da exacerbação de uma tendência geral da atividade sexual ordinária. Logo, "perversão" designa um prazer sexual que se realiza apesar das, ou contra as exigências da realidade. Um homem goza com a contemplação da bota da mulher sem que ele tenha de conquistá-la ou amá-la enquanto pessoa total. Ou, ainda, goza – sem que os seus próximos e seus cuidadores saibam – dos sofrimentos e das mutilações que a sua doença manifesta lhe proporciona e da qual, aliás – não sem certa ambivalência – ele se queixa de não poder se curar...

"Perversão" designa uma atividade sexual bastante consumada, bem construída, frequentemente clandestina, sempre transgressiva com relação às normas culturais e que, ademais, exige – como uma de suas condições essenciais – que o sujeito se separe da realidade. Mas, acaso, em virtude disso, ela é condenável? Os progressos do pensamento e da cultura nos previnem de responder positivamente; e, no entanto, é essa pergunta que permanece quando resistimos – por aversão, pelo seu caráter denunciativo; por empatia, pela infelicidade a que a inibição psíquica reduziu esse avatar da satisfação – a utilizar esse conceito cientificamente neutro.

De fato, usos enunciativo e denunciativo permanecem, para esse conceito, perfeitamente intricados; e há para isso uma razão mais profunda do que um simples movimento de humor ou uma rigidez moral qualquer: é que graças a essa crise do sentido, desse mal-estar da palavra, reflete-se aqui, na superfície da língua, o intrincamento também estreito e sem definição que sevicia – nos veios mais profundos da vida psíquica, entre a sexualidade e a moral, entre o prazer sexual e o delito, entre a experiência do amor e a da culpabilidade – "o monstruoso intrincamento da morte e do desejo", para retomar as palavras de Hölderlin. Nessas trevas originais da vida do espírito, o delito não se dissocia do desejo.

As reivindicações da pulsão sexual proporcionadas, no sujeito humano, pela sua história individual – por ter sido um *infans* marcado pela prematuridade, pelo desamparo, pela sedução do seu ambiente edipiano – e, talvez, também pela sua proto-história filogenética, não estão em contradição somente com as exigências da realidade. Elas estão também em contradição com a tendência dos veios psíquicos orientados para aquilo que Freud chamava de autoconservação, com certa orientação econômica do vivente, para quem a pulsão – pelo próprio prazer que ela outorga, pelo mando que ela exerce – é experimentada como tensão, complicação e ameaça.

A sexualidade não é só aquilo a que, diante da sua voracidade, o real não pode responder adequadamente; ela é também aquilo que ameaça desviar o aparelho psíquico da sua função de conservar a vida. Testemunha disso é a perversão, na qual a sexualidade pode, em determinadas circunstâncias, admitir a morte como própria condição do prazer. Que a perversão seja a verdade da sexualidade humana, da nossa sexualidade: é isso que receamos recusar, até mesmo renegar, quando designamos com essa palavra tal prática sexual, marginal e minoritária; é também o que receamos atribuir a outro que, porque doente, não seria mais nosso semelhante.

Nas situações psicóticas, ou aparentadas, devemos justamente prestar bastante atenção na questão da linguagem. Tudo aí conflui para perdê-la de vista: o peso do *páthos* que acompanha essas afecções; os comportamentos de risco que colocam em perigo a vida desses doentes; a angústia e o sofrimento que bradam até nos seus corpos – tudo isso tende a relegar a fala a um papel secundário e a um uso derrisório. Ora, o processo psicótico age, com predileção, na economia do discurso que ele orienta, do lado do contrainvestimento, do lado de uma defesa contra as representações ansiogênicas. Assim a psicose desvia a fala de sua função comunicativa. Esse paciente, quando fala para nós, nos diz menos aquilo que ele experimenta do que se protege contra as experiências interiores que a sua transferência conosco reanima. Não é porque não compreendemos o discurso "esquizofásico" que é preciso considerá-lo um discurso falho. É preciso entender a sua razão na sua função psíquica protetora.

No texto que consagra a essa questão, "O fetichismo"[1], Freud chama – talvez sem se dar conta disso – a nossa atenção para esse ponto desde as suas primeiras linhas: o caso que ele invoca concerne a "um jovem que tinha elevado certo 'brilho no nariz' à condição de fetiche". *Glanz auf der Nase*, precisa o autor. Concretamente deduzimos que esse homem só podia amar uma mulher com a condição de reconhecer nela um nariz brilhante... Mas daí vai aparecer que, de língua materna inglesa, o paciente foi escolarizado na Alemanha, onde a esqueceu quase que por completo. O poder fetichista desse detalhe só se revela quando se compreende que o adjetivo alemão *glanz*, que significa "brilhante", substituiu a palavra inglesa *glance*, que significa "olhar": o paciente amava as mulheres com a condição de olhar o nariz delas como se fosse, nelas, o equivalente de um pênis. A constituição do fetiche incluiu certo trabalho da linguagem que consiste num deslizamento da representação inconsciente ao longo de certa cadeia semântica.

---

1   Freud, S. O fetichismo. In: _____. *Obras completas*, v. 17. Trad. P. C. de Souza. São Paulo: Companhia das Letras, 2014. p. 302-310.

A concordância entre enunciação e escuta está naturalmente perturbada: ali onde o paciente diz e ouve "olhar", seu interlocutor escuta "brilhante".

Ressalto ainda a proximidade desse texto com "A perda da realidade na neurose e na psicose"[2]. Freud se refere a isso explicitamente; e bem se vê, em sua leitura, que toda a sua reflexão está orientada para o lugar que a relação com o real ocupa na vida psíquica. Examinamos, anteriormente, a etimologia da palavra "*réel*" [real], derivando do latim *res* – "a coisa" –, e cuja entrada na língua francesa se fez pela mediação da palavra "*rien*" [nada]. Fico impressionado com essa dialética "natural" que, na etimologia, aquilo que é designado – "a coisa", que, por excelência, se impõe não se pode evitar – mantém com esse movimento sintático da negação. Impressionado porque isso vai ao encontro do que a experiência clínica nos ensina: a realidade é, ao mesmo tempo, aquilo com que o sujeito se defronta e aquilo ao qual ele não cessa de opor uma rejeição ou uma recusa. É desse jeito porque essa dialética continua sendo um dos maiores fundamentos do pensamento freudiano que situa a realidade como aquilo que se opõe à reivindicação da pulsão. Em "Formulações sobre os dois princípios do funcionamento psíquico"[3] ele formula espirituosamente essa dialética ao opor à "reivindicação da pulsão", *Anspruch des Triebes* a "objeção da realidade", *Einspruch der Triebes*. Há aí um sutil jogo de palavras, pois cada elemento desse par semântico recorre ao mesmo radical *sprechen*, "falar"...

---

2   Freud, S. A perda da realidade na neurose e na psicose. In: _____. *Obras completas*, v. 16. Trad. P. C. de Souza. São Paulo: Companhia das Letras, 2011. p. 214-221. [N.T.]

3   Freud, S. Formulações sobre os dois princípios do funcionamento psíquico. In: _____. *Obras completas*, v. 10. Trad. P. C. de Souza. São Paulo: Companhia das Letras, 2010. p. 108-121.

A palavra "realidade" é, ao menos para nós, genérica demais. O seu emprego deveria ser indissociável do seu oposto, que é a pulsão, e ela só deveria designar essa dialética pela qual se constituem, num tempo e num espaço comum, um sujeito e o seu entorno.

O estudo do fetichismo e do texto freudiano pode nos ajudar a discernir melhor aquilo que, no seio dessa constelação evanescente e polimorfa da realidade, constitui obstáculo à fantasia, isto é, à realidade própria à pulsão: "O fetiche [...] é o substituto de um pênis [...] especial [...] que nos primeiros anos infantis tem grande importância, porém é perdido depois [...] [ele é] o substituto para o falo da mulher (da mãe), no qual o menino acreditou e ao qual [...] não deseja renunciar"[4].

Freud vê no fetiche o objeto, o produto específico necessário de uma construção fantasística convocada por certo movimento pulsional e certa economia narcísica que não fica devendo absolutamente nada à realidade da natureza. Notemos que ele recorre, quanto a esse assunto, à palavra "crença". Escreve, ainda:

> Isto [esse pênis da mãe no qual a criança acredita] normalmente seria abandonado, mas o fetiche se destina exatamente a preservá-lo da dissolução[5]. Untergang, "dissolução", é a mesma palavra que Freud utiliza para designar o fim do complexo de Édipo[6]. A crença que a criança tem de que sua mãe possui um pênis é uma

---

4   Freud, S. O fetichismo, *op. cit.*, p. 303-304.
5   *Ibid.*, p. 304. (Trad. modificada.) [N.T.]
6   Freud, S. A dissolução do complexo de Édipo. In: _____. *Obras completas*, v. 16. Trad. P. C. de Souza. São Paulo: Companhia das Letras, 2011. p. 203-213.

172   ENUNCIAÇÃO, DENUNCIAÇÃO

> *etapa – arcaica, mas normal – do desenvolvimento do*
> *indivíduo; etapa à qual ele deve renunciar assim como*
> *deve renunciar ao amor edipiano que dirige a ela... Ele*
> *acrescenta:*
> "O processo [o fetichismo como processo!] era, portanto,
> o seguinte: o menino se recusou a tomar conhecimento
> de um dado de sua percepção, de que a mulher não pos-
> sui pênis"[7].

Toda tradução tem seus limites; e, num ponto tão preciso e
sensível – do qual depende uma parte importante da compreensão
da vida psíquica –, é bom recorrer ao original. No texto alemão, a
frase "O menino se recusou a tomar conhecimento de um dado de
sua percepção" está formulada assim: *der Knabe sich geweigert hat,*
die Tatsache seiner wahrnehmung [...] zur Kenntnis zu nehmen...[8]

Wahrnehmung corresponde justamente ao francês "*perception*"
[percepção], não fosse o fato de ser uma palavra composta
que, literalmente, deveríamos traduzir por "aquilo que é tomado como verdadeiro". Primeiro Kant e, em seguida, Heidegger
notaram essa particularidade semântica. Ela não corresponde
completamente à palavra francesa: "*perception*" não especifica
se a percepção é passiva ou ativa nem diferencia a receptividade
do órgão sensorial da operação cognitiva que eventualmente a
acompanha. *Wahrnehmung*, ao contrário, significa que o que é
percebido é isso, e não aquilo – e é verdadeiro, e não falso. É uma
operação ativa que implica um juízo, seja ele subjetivo ou objetivo. Eu teria escolhido, para traduzi-la, a palavra "discernimento":

---

7   Freud, S. O fetichismo, *op. cit.*, p. 304. (Trad. modificada.) – o termo "processo"
    (*Hergang*) foi omitido na tradução brasileira utilizada. [N.T.]
8   *Gesammelte Werke*, tomo 14. p. 312.

na paisagem, no rosto ou no corpo que olho, distingo ou não distingo tal detalhe.

Quanto à palavra *Tatsache*, que é um sinônimo de *Realität*, de origem latina, ela corresponderia mais ao que o francês chamaria de "*fait*" [fato]; o fato, por exemplo, da presença ou da ausência de pênis em um ser humano – um fato que depende tanto da sua existência objetiva quanto do seu reconhecimento subjetivo...

O que Freud está querendo dizer quando diz que a criança não quer tomar conhecimento de um fato que, de todo modo, ela vê? Na realidade que a envolve, um determinado fato pode constituir o objeto ou de um discernimento, ou de uma recusa. Se essa operação pode comprometer toda a relação com a realidade, ela pode também não a comprometer. A realidade só pode ser comprometida em consequência da maneira com que esse fato é tratado. A forma – a *Gestalt* – depende, em suma, da figura, do detalhe...

A consequência clínica considerável que resulta disso é que, caso se queira reconciliar com a realidade aquele que a perdeu, é preciso, primeiro, reencontrar o fato a partir do qual ele a perdeu.

A prova de que, para Freud, a relação que a instância psíquica mantém com o real é um pouco mais do que uma percepção aparece num outro plano desse texto. Ficamos estupefatos de ver aparecer aí o nome de Laforgue, conhecido por ser um dos pioneiros da psicanálise na França, mas cujos trabalhos não são "memoráveis". A palavra "escotomização", que Laforgue teria proposto para definir o fetichismo – e que Freud recusa –, pertence à linguagem médica. Ela designa uma deficiência visual suscetível de impedir a visão do que é visível. No jargão metafórico, designa uma forma de

174 ENUNCIAÇÃO, DENUNCIAÇÃO

cegueira mais ou menos intencional. É possível que Freud se baseie nesse autor e no seu conceito para prevenir todo e qualquer uso simplificador e simplista da sua teoria; e também para aprofundar aquilo que o ocupa aqui, isto é, os mecanismos psíquicos que determinam o processo fetichista.

A sua demonstração permanece esteada pela ideia de que o aparelho psíquico está na mais completa subordinação à realidade – quer seja a do corpo, e da sua sensorialidade, ou a do mundo. Tudo o que existe e excita os órgãos dos sentidos é necessariamente percebido e deixa rastro nele. Nada pode ser "escotomizado" nunca. Mas, diante das percepções desprazerosas ou perigosas, esse aparelho dispõe de um primeiro recurso: o eu, da mesma forma que trata as exigências pulsionais, recalcando-as – isto é, recusando a existência delas, renegando-as –, é suscetível de renegar certas percepções, recalcando-as, renegando a verdade delas. Vê-se aqui que recalque e recusa – com os quais Freud, em "A perda da realidade"[9], almejava resolver com elegância aquilo que opunha neurose e psicose – não são tão diferentes um do outro.

Em todo caso, a diferença entre elas não deve ser o objeto de uma fetichização teórica. Compreende-se melhor o que é a recusa (de um fato da realidade) caso não se perca de vista o seu estreito parentesco com o recalque (de uma exigência pulsional). Por exemplo, para o menino para quem a crença de que a sua mãe possui um pênis é essencial para o seu equilíbrio narcísico, o desprazer de descobrir que as mulheres não têm pênis e que a sua mãe é uma mulher pode ser resolvido de duas maneiras: ou ele vai recalcar o seu desejo (de que a sua mãe tenha um pênis) e vai renunciar, até certo ponto, à

---

9   Freud, S. A perda da realidade na neurose e na psicose, *op. cit.*. "Recalque/ recalcamento" – nessa tradução mencionada – estão vertidos para o português como "repressão". [N.T.]

sua crença; ou ele vai recalcar o traço perceptivo portador do fato de que a mãe é uma mulher que não tem pênis e vai renunciar (até certo ponto) ao reconhecimento de uma parte da realidade. No primeiro caso, ele ganhará em ter acesso ao amor pela mulher; no segundo, ele deveria engrenar na via da homossexualidade.

O que constitui a artimanha do processo fetichista e lhe dá o seu imenso alcance cultural é que ele representa um tipo de segundo recurso. Se ao ato perceptivo que discerne dolorosamente a ausência de pênis na mulher soma-se um movimento psíquico sutil que atribui à outra parte do corpo dela o valor do pênis, então é possível tanto conservar a sua crença originária quanto continuar em contato com a realidade, à custa de uma divisão do eu cuja ideia já está em germe nesse texto, e que Freud desenvolverá no último artigo que escreveu: "A clivagem do eu nos processos de defesa"[10].

A possibilidade de se dividir ao instalar em seu seio duas correntes de pensamento absolutamente antinômicas – clivadas – representa, para o eu, um imenso progresso na tarefa inumana, que é a sua, de conciliar exigências tão contraditórias quanto as que emanam da sua vida sexual e as que emanam da autoconservação, incluindo a lealdade à natureza provedora.

É evidente que, para Freud, o processo fetichista pertence à normalidade psíquica. É ele que dá ao eu a sua flexibilidade, permite que supere o desprazer, o desencanto que ele se inflige ao penetrar fundo no real. É assim que o grande cientista que foi Pasteur – que condenou à morte o dogma cristão da geração espontânea,

---

10 Freud, S. A clivagem do eu nos processos de defesa. In: _____. *Obras psicológicas completas de Sigmund Freud – ESB*, v. XXIII. Rio de Janeiro: Imago, 1977. p. 307-321. [N.T.]

demonstrando que uma água perfeitamente estéril só podia se tornar caldo de cultura caso fosse contaminada por germes apropriados – permaneceu crente por toda a sua vida.

Essa palavra, "processo" fetichista – que é uma palavra freudiana, *Hergang* –, nos interessa particularmente porque nos permite situar o ponto a partir do qual o processo psicótico substitui, radicalizando-o – caricaturando-o, às vezes, de forma grotesca –, um mecanismo psíquico ordinário. Voltemos, para finalizar, a um terceiro plano desse texto. Dos "fatos", *Tatsachen*, da realidade – que a experiência analítica mostra serem eletivamente suscetíveis de provocar um trauma psíquico, ao ofenderem a exigência pulsional e ao ameaçarem o equilíbrio narcísico –, vamos notar que Freud só dá, ou só retoma, dois exemplos. Dois exemplos que poderiam se revelar a coisa em si: a morte do pai e o reconhecimento da diferença dos sexos na sua versão infantil, implicando a renúncia à fantasia da "mãe com pênis". Vê-se justamente como, mesmo nesse campo arcaico da clivagem, continuamos perto do complexo de Édipo.

O primeiro fator, ele propõe, gera uma divisão do eu em duas correntes de pensamento: uma se amparando na ideia de que o pai está morto; a outra, na ideia de que ele ainda está vivo. É essa divisão que se observa na neurose obsessiva. Ela presta contas dos sintomas tais como a dúvida e a ruminação intelectual.

O segundo fator, o reconhecimento da diferença dos sexos, se dá possivelmente em uma divisão do eu infinitamente mais trágica. Pois uma das correntes de pensamento, aquela relativa à crença na fantasia da "mãe com pênis", pode ser tão violentamente recalcada e tão seguramente conservada que ela escapa, doravante, tão absolutamente à consciência do sujeito que dela é o portador quanto à observação do seu interlocutor, embora determine totalmente sua conduta.

Portanto, a pergunta que se está no direito de se fazer, graças à leitura desse texto curto, mas forte – leitura que Freud quer fazer "operar" ao pôr a teoria analítica à prova da experiência da clínica da psicose –, é a seguinte: não seria preciso considerar o processo psicótico como a parte negativa do processo fetichista, a sua face sombria e maldita que rompe com aquilo que esse processo pode ter, em si, de civilizatório? Pois, escreve Freud em linhas que atestam um grandioso escritor:

> *Sim, na psique [desse sujeito fetichista] a mulher continua a ter um pênis, mas este pênis já não é o mesmo de antes. Outra coisa ocupou seu lugar, foi como que nomeado seu substituto e veio herdar o interesse que antes se dirigia a ele. Mas tal interesse experimenta ainda um extraordinário acréscimo, porque o horror à castração ergue para si um monumento, ao criar esse substituto.*[11]

"Monumento": a palavra de Freud é *Denkmal*, que conota algo de sagrado – um objeto de veneração, ao mesmíssimo tempo temido e admirado. O *Rousseau Denkmal*, por exemplo, no lago de Bienna, designa um lugar belíssimo da costa onde o filósofo adorava meditar e que a sua presença, a sua genialidade teria divinizado. A realidade do "horror da castração" – que é, para todo homem, um motor essencial do progresso psíquico – se encontraria tão engenhosa e artisticamente frustrada no sujeito psicótico que ela se tornaria, para ele, o próprio motor da sua regressão mórbida.

---

11   Freud, S. O fetichismo, *op. cit.*, p. 305-306. [N.T.]

É esse cuidado de restituir o trágico da sexualidade, lá, onde ela parece mais ausente que anima a reflexão de Freud neste texto: "A investigação do fetichismo", ele escreve ainda, "é recomendada a todos que ainda duvidam da existência do complexo da castração [...]"[12].

---

12 *Ibid.*, p. 307. [N.T.]

9. O estado *borderline*

O proceder diagnóstico na situação analítica segue um curso que lhe é próprio: ele está incluído nas construções que edificamos desde as nossas primeiras entrevistas com os pacientes. Estas são absolutamente necessárias para situar, no plano metapsicológico, a sua demanda e para se assegurar quanto à sua analisabilidade.

À medida que avançamos em nossa experiência de analista, essas construções recorrem cada vez menos a considerações de estrutura no sentido *nosológico* do termo – por exemplo, saber se estamos na presença de uma psicose ou de uma neurose; e de qual neurose, em particular. Elas recorrem, pelo contrário, cada vez mais a considerações de estrutura no sentido *psicodinâmico*. Tentamos imaginar qual o equilíbrio que se organizou, nesse paciente, entre o seu equipamento pulsional e a organização do seu eu; ou, ainda, entre o que se pode inferir da sua experiência interior (a natureza da sua angústia, o grau da sua inibição, as dissociações que a clivam) e os meios de que ele dispõe para enunciá-la, para verbalizá-la no contexto preciso da associação livre.

Tentamos imaginar a história da doença ou do sintoma que afeta esse paciente e o leva a uma demanda de análise; procuramos detectar os acontecimentos traumáticos que a desencadearam, bem como as circunstâncias afetivas em que, nesse momento, o paciente estava imerso – por exemplo, se a situação mórbida se produziu na infância, ou na adolescência ou na entrada no mundo adulto; e qual era, então, o contexto familiar em que evoluiu. Mas o nosso proceder diagnóstico sofre ainda outra evolução: a história objetiva dessa afecção, a sua cronologia, nos interessa menos do que a forma na qual ela tende a se reatualizar no empreendimento analítico, a forma pela qual as questões inconscientes que sustentam o "adoecer" e a experiência traumática que a funda se reproduzem em seu próprio andamento analítico. Tentamos estabelecer, por meio das nossas construções, a identidade do objeto cuja perda foi contrainvestida pela sintomatologia – esse objeto que ele tenta reencontrar e reencarnar na transferência com a nossa pessoa.

O proceder diagnóstico psicanalítico segue, então, uma evolução complexa; ele avança por etapas e afasta-se até certo ponto do procedimento psiquiátrico. A sua visada é o reconhecimento da transferência que constitui a sua consumação, a sua conclusão. O que a caracteriza é que ela vai do mais objetivo e mais social ao mais singular e mais íntimo.

Otto Kernberg[1] afirma com insistência a necessidade de estabelecer, na aurora do empreendimento analítico, um diagnóstico em termos nosológicos. Pelo seu caráter racional e objetivante,

---

1   Kernberg, O. F. Transference and countertransference management with borderline patients, *Resonance of suffering*, editado por André Green, International Psychoanalytic Library, 2007.

uma exigência dessas contrasta e rompe com o intimismo da experiência transferencial. Somos obrigados a nos interrogar sobre isto: para que um proceder como esse, e para quem? Um procedimento como esse se endereça forçosamente a um "terceiro" imaginário – o *socius*, por exemplo –, ao qual se quereria justificar, assim, o empreendimento que se estabelece. Ainda que a instalação da situação analítica só se justifique, para o paciente, pela insistência de um desejo infantil (fonte tanto de sofrimento quanto de satisfação) que já retornou no seu sintoma ou na sua doença e retorna, novamente, na sua demanda de análise, o analista – em eco e de forma assimétrica – responde a esse desejo e o submete, e o reabsorve então, na experiência transferencial.

O tratamento realiza uma situação a dois que se separa o máximo possível do mundo exterior. Não tanto por excluí-lo quanto por, paradoxalmente, constituí-lo. Criar uma intimidade entre transferência e contratransferência em que dois aparelhos psíquicos atribuem um novo lugar na experiência inconsciente contribui, num jogo de oposições simbólicas, para recriar *a contrário* uma realidade exterior.

Para certos pacientes – dimensiona-se isso mais ou menos cedo – a criação dessa intimidade, se ela não for realmente impossível, choca-se, entretanto, com lentidões particulares, com entraves específicos. O paciente faz um dos seus intervir com o analista, ou então opõe à regra analítica dificuldades de agenda ou de pagamento. Ou, ainda, manifesta no tratamento uma presença um pouco distante; fala de si como se fosse de outro, como se fosse de um estranho que só participa de forma mediata no processo cuja fluidez ele breca.

É diante dessas dificuldades que, de minha parte, convoco a categoria conceitual de *borderline*. Ela representa menos um problema estrutural do que uma "situação" que designa certo desenvolvimento aos quais determinados pacientes submetem, reduzem o processo analítico, ainda que nele engrenem conscientemente sem ambiguidade.

A situação analítica é uma situação traumática. No período de cada sessão, em todo o tempo que o tratamento dura, o enquadre instituído, o método fundado na associação livre e a interpretação recolocam em jogo, no desprazer, o equilíbrio que tinha se estabelecido para o paciente entre os cursos dos processos primário e secundário, entre as forças egoicas submetidas aos ideais e às exigências da realidade e as reivindicações das formações inconscientes reanimadas pela regressão transferencial. Pode-se falar, a esse respeito, de crise transferencial à qual faz eco uma crise contratransferencial.

O interesse de uma posição conceitual como essa não reside somente no fato de ela prestar contas, com exatidão, da clínica dos pacientes *borderline*. Ela tem o mérito de situar a experiência analítica em homologia com a crise que se produziu no momento do desencadeamento do acontecimento mórbido e que a doença constituída, como uma defesa, contrainvestiu, congelou. A crise despertada pela experiência analítica surge desse ângulo, como uma *repetição* da crise traumática disparada nesse paciente, na aurora da sua doença, por um violento conflito opondo certa reivindicação pulsional e a instância do seu eu; ou opondo exigências libidinais "sacrificiais" ligadas a certa relação de objeto mortífera e a sua integridade "narcísica".

O analisando aceita deparar com a natureza traumática dessa experiência, com o pavor ou a inibição que ela suscita, porque adquire a convicção (o paciente nos escuta) de que estamos em condições – por meio do enquadre analítico formal, e também do nosso enquadre interior (definido pela liberdade e pela exatidão das nossas construções) – de lhe assegurar a "continência" dessa experiência, para retomar uma palavra de Bion. Jean-Luc Donnet captou a natureza da função para-excitante que o analista, com sua presença, fornece ao analisando diante dessa provação crítica. A imagem que ele deu do "divã bem temperado"[2] ilustra perfeitamente a oposição em que se encontra a experiência do tratamento, entre inquietude da transferência e quietude do *holding*.

No mais das vezes, o analisando dotado de um "eu suficientemente forte" não opõe reticência alguma a dar confiança ao analista. Atribui a ele de forma espontânea, talvez projetivamente – uma capacidade continente e presta-se a essa experiência com leveza; ele dá carta branca à sua atividade associativa que garante, no trabalho analítico, o reequilíbrio dos processos primário e secundário e autoriza o analista a proceder livre e plenamente na sua função interpretante.

Para outros pacientes, ao contrário, devemos nos dar conta mais ou menos rapidamente de que essa atividade essencialmente linguística não se produz, ou se produz pouco. Estes permanecem indiferentes à função interpretante que o analista é suscetível de garantir no tratamento deles. Só parecem estar preocupados com uma coisa: que o desamparo, a raiva ou a paixão despertada pela transferência sejam contidos. São muito apegados à análise, en-

---

2   Donnet, J.-L. *Le divan bien tempéré*. Paris: PUF (Le fil rouge), 2002. [N.T.]

contram nela um real bem-estar, mas a questão da mudança psíquica não é, por ora, a preocupação deles. A análise é, para eles, mais uma questão de sobrevivência. Podemos definir bastante bem essas situações analíticas dizendo que o analisando privilegia mais uma relação de "pessoa para pessoa" com o analista do que a "transferência" com a sua pessoa. Entre essas duas noções de "relação de pessoa para pessoa" e de "transferência" há diferenças infinitesimais e, no entanto, bastante complexas. Estou propondo, jogando com essa oposição conceitual provisória unicamente para abrir a questão da diferença de natureza entre a transferência neurótica e a transferência *borderline* – questão que deveríamos examinar em seus mínimos detalhes. São situações que podemos caracterizar pela conjunção de uma forte demanda analítica e de um fraco processo analítico.

Situações como essa são, para o analista, incontestavelmente difíceis de suportar por duas razões. A primeira consiste no fato de só ser utilizada, ali, metade da sua capacidade técnica; a segunda, no fato de que é requisitado dele um investimento afetivo e representativo muito forte, muito ativo – essencialmente inconsciente, aliás. O analista é "sobressolicitado" na sua função de manutenção do enquadre e da experiência e "subsolicitado" na sua função interpretativa. Ele é confrontado a uma contratransferência particularmente poderosa e "estrangeira". As questões inconscientes convocadas por essa experiência transferencial extrema levam o analista a apreender o analisando em seu aspecto mais radical e estrangeiro. E, de tabela, a se apreender, ele próprio, naquilo que ele tem de mais desconhecido.

A categoria conceitual de estado *borderline* não designa, portanto, uma "estrutura" individual, mas uma forma de relação intersubjetiva na qual o outro se impõe a mim como duplamente outro: outro no sentido objetivo, em que ele não é "eu", em que ele é o meu *Gegenstand* – aquele que está contra, se opõe e me reduz, assim, à minha pura subjetividade –; outro no sentido de que o mistério da sua existência vem, no meu encontro com ele, me "alterar". Isso que Freud, em múltiplas ocorrências, designa com o termo *Ichveränderung*, "alteração do eu". Esta me parece estar no cerne da contratransferência já longa e minuciosamente descrita nas situações *borderline*.

Esse conceito de estado *borderline*, de que Freud não dispunha, acrescenta à teoria analítica a ferramenta que permite pensar e destrinçar o que é a realidade antropológica fundamental dessa "massa a dois": um estado originário, arcaico, que só a regressão transfero-contratransferencial convocada pela análise de tais pacientes está em condições de manifestar; o analista, para reconhecer o outro em seu sofrimento – que é o único testemunho da sua existência –, deve então adotar e manter essa posição que Freud, em *Projeto de uma psicologia*[3], identificou com a figura do *Nebenmensch*. O termo é difícil de traduzir, caso se queira evitar a deriva religiosa ou caritativa que ele comporta e que era estranha ao pensamento freudiano: aquele que me suscita um cuidado de humanidade, o mesmo do qual tenho necessidade para me humanizar e que se situa no oposto da parelha que a comunidade indivisa dos homens primitivos teria formado com a figura alienante e destrutiva do *Urvater*, o pai da horda primitiva.

A posição requerida do analista por tais analisandos poderia se representar como a proximidade de um sujeito já constituído ajudando outro a se constituir em uma subjetividade. Desses tempos

---

3   Freud, S. *Projeto de uma psicologia*. Trad. O. F. Gabbi Jr. Rio de Janeiro: Imago, 1995. [N.T.]

186 O ESTADO *BORDERLINE*

originários do processo da subjetivação, é certo que as "análises *borderline*" dão uma representação que continua escondida, para nós, nas análises comuns.

A atividade analítica (a escuta, a interpretação) se apoia invariavelmente na convicção – herdada do primeiro Freud, autor dos "Estudos sobre a histeria"[4], *A interpretação dos sonhos*[5] e "Sobre a psicopatologia da vida cotidiana"[6] – de que aquilo que determina as atividades psíquicas que são o sonho, o ato falho, o sintoma, mas também a fala e o *Agieren* transferencial, é a realização de uma satisfação alucinatória, a realização de um desejo inconsciente. O sofrimento e a alienação da relação do sujeito com seu mundo exterior que é disso consequência devem ser considerados o preço do conflito resultante desse gozo, disfarçado na sua expressão, mas rigorosamente consumado em termos de princípio do prazer. O que é satisfação para o sistema inconsciente é desprazer para a instância superior do eu; um desprazer ao qual essa instância pode, no entanto, consentir.

Para representar a dinâmica que leva um paciente a engrenar numa análise, é necessário apelar para uma reduplicação desse conflito. O excesso de sofrimento (de angústia, por exemplo, que pertence somente à instância "minoritária" do eu) nunca é sufi-

---

4   Breuer, J.; Freud, S. Estudos sobre a histeria. In: Freud, S. *Obras psicológicas completas de Sigmund Freud – Edição Standard Brasileira* (ESB), v. II. Rio de Janeiro: Imago, 1996. [N.T.]

5   Freud, S. *A interpretação dos sonhos*. Trad. R. Zwick. São Paulo: L&PM, 2013. [N.T.]

6   Freud, S. Sobre a psicopatologia da vida cotidiana. In: _____. *Obras psicológicas completas de Sigmund Freud – ESB*, v. VI. Rio de Janeiro: Imago, 1987. [N.T.]

ciente, por si só, para forçar um paciente a renunciar à sua neurose. Pela satisfação que ele lhe traz, o sintoma continua sendo o seu bem mais precioso. É preciso, ainda, para que tenha acesso a uma "demanda", que faz emergir nele uma exigência cultural que lhe dê os meios de discernir, ainda que confusamente, o caráter sempre incestuoso dessa satisfação. É provável que, graças à atração transferencial, o encontro com esse outro, que é o analista – jamais redutível a um simples substituto do objeto primário –, atue no despertar desse movimento civilizatório como indução à renúncia.

Ainda é preciso que a organização psíquica do paciente esteja suficientemente assegurada para que essa renúncia ao desejo infantil, renúncia a amar, não seja para ele sinônimo de renúncia a viver. A situação analítica é traumática pelo fato de a transferência engrenar o analisando na via de uma perda, da perda de um objeto particularmente precioso, vital. Certos pacientes não estão prontos para isso. São aqueles que eu estava descrevendo anteriormente, que freiam o trabalho interpretativo do tratamento e privilegiam, pela continência que requerem de nós, a experiência alucinatória. Esses pacientes exigem, da transferência, que ela permita ao objeto amado – identificado com o analista – reencarnar-se ali. Eles a evitam, na medida em que ela os ameaça a fazer com que eles o percam. Tendem a inflectir o tratamento mais do lado de uma relação com o analista do que do de uma transferência e privilegiam mais a anáclise do que a interpretação. Mas na organização de uma temporalidade muito lenta ordenada pela tendência à conservação, pela fixação ao objeto e pela viscosidade libidinal que nos espanta, talvez eles tenham razão: essa temporalidade tão singular manifesta, sem dúvida, a temporalidade mais arcaica – aquela que preside o nascimento do espírito humano. É o que o conceito de *borderline*, especificamente, bem poderia descobrir.

Logo, não é preciso crer que, ao fazer isso, esses pacientes não sabem o que fazem. Por mais aparentemente atípica, reservada, resistente que ela nos pareça, a participação deles no processo analítico obedece, do lado deles, a uma coerência e a um rigor. Nesse ponto é necessário que eu afirme o meu desacordo com os autores que privilegiam na situação *borderline* a dimensão deficitária, o caráter de desorganização das suas manifestações psíquicas. A regressão que Freud mostrou estar sempre em operação na instalação de toda e qualquer manifestação neurótica ou psicótica (cf. o caso Schreber[7]) nos incita a pensar que a desorganização tópica, econômica e temporal que se produz aí permanece reversível. A análise não visa a reparar, mas a restituir.

Esse trabalho de restituição exigido pelo tratamento se mostra – nas situações *borderline* que nos ocupam – infinitamente mais lento e custoso do que nas situações ordinárias. Ele não difere delas, no entanto, pelo seu método, pelos seus princípios e regras. A redescoberta do acontecimento traumático originário, a suspensão da amnésia infantil – desvelando as fixações precoces que a possibilitaram – requerem que uma redução da selvageria pulsional tenha sido realizada sob a égide da continência analítica e que um restabelecimento da continuidade linguística pré-consciente tenha sido permitido pelo trabalho associativo e interpretativo, por mais tênue que seja.

Só um fator – que comanda, desde as suas origens, a organização psíquica e que, nos estados neuróticos, está suficientemente garantido para continuar silencioso no trabalho ordinário do tratamento – ganha voz aqui. Esse fator pode ser identificado

---

7   Freud, S. Observações psicanalíticas sobre um caso de paranoia (*Dementia paranoides*) relatado em autobiografia. In: _____. *Obras completas*, v. 10. Trad. P. C. de Souza. São Paulo: Companhia das Letras, 2010. p. 13-107. [N.T.]

com o que Freud nomeou, conforme Fechner, como princípio de prazer-desprazer. Ele o considerou, no plano teórico, como o princípio essencial de regulação do aparelho e, logo, como aquilo que garantia, *in fine*, a manutenção da vida. Mas ele não desenvolveu, no entanto, as implicações clínicas que os avatares desse princípio podiam produzir nos estados mais regressivos do funcionamento psíquico.

Nos estados psíquicos que se organizam no tratamento como situações *borderline*, cumpre-nos constatar que as formações inconscientes patógenas como que anexaram esse princípio para, paradoxalmente, garantir a sua eficiência. Longe de colocar o sujeito em perigo, como uma observação superficial poderia deixar pensar, a doença de que ele sofre converge para a sua sobrevivência. O inimigo aqui não é a doença, portanto, mas um risco vital (trazido pela eventual renúncia aos objetos edipianos) do qual, justamente, a doença protege o paciente. Por isso, o trabalho analítico – tanto do lado do analista quanto do analisando – deve levar em conta essa configuração psíquica e se organizar, durante um período que pode ser extremamente longo, rumo à explicitação da finalidade positiva, salvadora da doença. Não se trata, para o analista, de curar o paciente, mas de descobrir o suporte econômico que se encontra em sua patologia e que ele vincula a ela como o seu bem mais precioso e mais vital. Não se trata, para o paciente, de se curar da sua doença, mas de dimensionar isso de que ela o cura. Talvez seja a Bion que eu deva essa ideia: ele dizia, por exemplo, que, diante de um paciente gravemente perturbado, um analista com muita pressa de ser inteligente – com muita pressa de ser analista, no sentido canônico do termo – podia fazê-lo morrer.

É difícil, diante de uma realidade tão profunda, tão irracional e grave, limitar-se a um discurso teórico. A breve evocação clínica que se segue poderá fazer com que ela apareça melhor:

No plano estrutural, essa paciente se apresenta com uma "neurose obsessiva". Os seus sintomas a alienam; profundamente, aliás. Não é necessário ser um clínico particularmente arguto para adivinhar que uma paranoia sensitiva aguda está dando, sob esse encobrimento neurótico, um jeito de se escamotear. No plano psicodinâmico, o diagnóstico de *borderline* não poderia ser contestado. Seu tratamento já dura doze anos. Ela não para de celebrar o conforto psíquico que ele lhe traz. É de uma exímia pontualidade. Fala profusamente da sua vida e chega a me assustar com o relato das tiranias que exerce em seu entorno familiar e das privações incessantes que se inflige. Mas do seu discurso não emerge nenhuma mudança. Não sonha nunca. Num plano psicanalítico, a evocação de um caso *borderline* se impõe mais uma vez. Por que eu não me desesperaria? Porque sinto que algo de terrivelmente ordenado comanda a sua conduta; que alguma coisa nela se cala. Ocorre de eu me dizer, com a mais extrema determinação, que "ela nunca me dirá tudo".

Ela foi a quinta filha de uma prole sem meninos. Acha que foi violentamente rejeitada pelo pai, a quem também acha que deveu o episódio psicopático pelo qual passou na adolescência e pôs realmente seus dias em perigo. Agora esse pai é falecido; ela lhe confia uma indiferença absoluta. Só o evoca para dizer que "dele ela não vai falar".

Alguns meses atrás, ela evoca longamente, no início de uma sessão, uma "pessoa" que constitui, de sua parte, o objeto de uma viva querulência. Daí, um pouco mais tarde, evoca incidentemente, furtivamente, o seu pai. Eu enuncio que um laço poderia reunir essas duas figuras: "era pensando no seu pai, a fúria experimentada contra essa pessoa". Ela para. Daí diz: "se o senhor está achando que eu não sei que é o meu pai que eu vejo quando estou com uma raiva assim dessas pessoas!" E acrescentou, com uma frieza glacial: "é claro que eu sei". E então volta ao seu discurso obsessivo de costume.

Essa interpretação se impunha. Foi muitíssimo desagradável para ela, mas útil; e mais ainda para mim, no sentido de que me senti confirmado (logo, aliviado) em minha construção do duplo movimento em operação nesse tratamento: um movimento muito superficial de submissão ao processo e à sua perspectiva de mudança psíquica; um movimento muito profundo de recusa, de conservação, através das formações patógenas, do dolorido amor pelo pai da infância. Esse duplo movimento poderia ser específico dos tratamentos de situação *borderline*. Aqui, no entanto, na sua resposta à interpretação – e apesar da sua manifesta negatividade –, pensei que uma renúncia ia se impor ao seu eu. Recentemente, na volta das férias, ela quis que mudássemos o dispositivo; que nos falássemos "cara a cara". Não vi razões para me opor a essa demanda. Grandes mudanças, ela me diz, se deram durante essa separação. Ela pôde, por exemplo, pela primeira vez na vida, se expor em roupa de banho na praia e se banhar. Daí acrescentou: "não sinto mais raiva do meu pai. É bom, mas sinto uma falta cruel disso. A violência me ligava a ele".

Eu me dizia, ao escutá-la, que, durante doze anos dessa análise, uma figura paterna não transferível – puramente identificada com a minha pessoa – havia secretamente prevalecido, espreitado o fraco e autêntico processo transferencial que ali se desenvolvia. Que durante todo esse tempo havíamos sido três nessa situação. E que era só naquele momento, pontuado pelo seu desejo de uma mudança de dispositivo, que nós nos tornávamos dois e tínhamos acesso a uma real intimidade analítica.

É preciso, então, imaginar que em tais situações analíticas uma instância muda clandestina comanda as condutas e o discurso do paciente. Uma instância que cuida para que o processo não coloque em perigo uma relação de objeto que, por mais inapropriada que seja para a realidade, lhe é vital. Uma instância que observa o analista, o vigia; quiçá até o influencie secretamente. Que faz com que ele se dobre ao seu ritmo, que não interprete, que acompanhe apenas com a sua presença o desamparo ao qual se reduz, para o paciente, a sua presença no mundo. Essa instância permanece não captável para nós, porque ela só comanda as palavras com fins de assegurar a integridade da vida.

10. Sobre a renúncia

Em uma análise – para o analisando e, talvez, também para o analista – uma instância comanda a implantação do discurso e da fala a partir da ativação de uma língua que não estaria disponível à enunciação, mas já estaria lá como o tecido invisível da alma. Esse regime de fala se revelaria nessa circunstância particular, não teríamos como suspeitar da sua existência antes de o método analítico ter sido inventado. Esse regime remete a um uso exclusivamente psíquico da linguagem em que dizer e calar obedece a determinismos desconhecidos pelo sujeito falante. Essa corrente de fala ora se impõe, ora se furta ao eu, ela o intima a se reformar ou assegura, ao contrário, a sua conservação.

A tarefa dessa função é controlar o sempre instável equilíbrio entre as duas potências antagonistas graças às quais – nos moldes de um rio, que é ordenado pelas suas duas margens – constituem a psique: as reivindicações pulsionais e as exigências da realidade. Ela é definida pela sua tópica, resultando da sua função, que deve se estabelecer num lugar tão próximo quanto possível das duas fontes de que o eu retira o seu material – o aparelho perceptivo, de onde lhe vem o seu estofo sensorial; o aparelho de memória, fervilhante herança dos objetos edipianos, carregados de sexualidade, que lhe fornecem o seu material identificatório. Esta instância só pode se situar, a um grande distanciamento daquilo que chamamos de consciência, com a parte do eu que admite essa qualidade e somente ali onde reina a noite da inconsciência e onde a luz tão necessária ao discernimento do pensamento, vem do prisma tão enigmático, que Freud nomeou como princípio de prazer-desprazer.

Para realizar sua tarefa, esse princípio se ampara na língua por meio da fala. Ativando-a ou desativando-a, a fala reconhece e admite tal representação ou tal movimento pulsional; ou, ao contrário, o recalca. O princípio do prazer comanda a fala na análise tal como comanda a vida na existência ordinária.

A fala que esperamos e que requeremos do paciente e de nós na análise é a fala que faz com que se mantenham juntas – pelo jogo da ressonância, da *Empfindung* – tanto a necessidade de uma adaptação ao real, que o eu não pode derrogar, quanto a exigência cultural de rememoração, sem a qual o isso nos condenaria a regredir em direção à morte e à barbárie. Ela separa o passado do presente, o eu do outro, a vida da morte, o pessoal do impessoal. Ela é um fazer; "um gesto", como se dizia dos mitos que fundaram na Idade Média o imaginário ocidental; "uma arte de viver", como dizia Schlegel da escritura romântica. Pierre Fédida a conectou à fala trágica[1]. Nos versos do hino a Zeus, no *Agamêmnon* de Ésquilo, está dito: "[...] sem dúvida foi quem levou os homens pelos caminhos da sabedoria e decretou a regra para sempre certa: 'sofrimento é a melhor lição'. Da mesma forma que durante o sono,

---

1   Fédida, P. *Crise et contre-transfert*. Paris: PUF, 1992. p. 20-32.

quando somente o coração está desperto, as nossas antigas penas voltam à memória, assim como aos homens vem, malgrado seu, o pensamento [...]"[2].

O autor comenta: "É ao sair da noite – só para o período do exercício de um dia – que o homem adquire conhecimento do humano. Psicopatológico é um conhecimento como esse, formado na experiência íntima da paixão. Dos momentos críticos dessa experiência, como o sonho, o luto, os acontecimentos psíquicos da vida, a clínica adquire significação".

Ao recenseamento desses "momentos críticos", acrescentarei a experiência transferencial.

Essa instância não é ainda uma consciência; pode-se, no entanto, apostar que aquilo que se torna a consciência, nos veios superiores do aparelho psíquico seja a retomada – por novas vias e uma expressão específica – desse princípio primeiro. Ela é uma bússola, escreve Freud em "O eu e o id"[3]; entendamos que ela é um conhecimento não dissociável do suporte que a instrumenta, uma inteligência que se confunde na operação que ela realiza, e é em razão disso que se pode nomeá-la como uma inteligência trágica. Essa operação que funda a realidade do psíquico – não de uma vez por todas, mas que se repete a cada acontecimento que constitui uma crise na subjetividade do ser –, essa operação assume sempre a forma de uma negação, de uma recusa.

---

2   Ésquilo. Agamêmnon. In: _____. Oréstia. Trad. M. da G. Kury. Rio de Janeiro: Jorge Zahar, 1991. p. 25. (Trad. modificada.)

3   Freud, S. O eu e o id. In: _____. Obras completas, v. 16. Trad. P. C. de Souza. São Paulo: Companhia das Letras, 2011. p. 13-74. [N.T.]

Mas, cuidado! Ela é uma negação de certo modo cega a tudo o que não concerne à sua visada imediata de evitação do desprazer. Ela permanece, em sua essência íntima, indiferentemente orientada; ela se exerce tanto contra as reivindicações pulsionais quanto contra as exigências da realidade; ela é uma recusa que não estabelece escala de valores entre essas categorias contraditórias, que ignora a oposição conceitual do real e do imaginário para investir apenas naquela, vital, do prazeroso e do desprazeroso, do bom e do mau, da interioridade subjetiva e da exterioridade confusa e hostil que é, doravante, o "não eu". Essa recusa só procede do conforto que ela traz ao espírito; ela conhece apenas o perigo do qual a protege. Ela não é (ainda) um juízo. A expressão que lhe é específica, o seu discurso, será o da ironia. "*Ironie*" [ironia] é o anagrama imperfeito de "*renier*" [renegar]. O seu excesso será o negativismo.

Essa instância que se organiza em torno de um princípio de natureza prosaicamente econômica – e que, assim definido, convém perfeitamente à ideia de homeostase do mundo interior que ele supostamente garante e de diferenças estruturais entre instâncias que ele supostamente sustenta –, por que nos é tão difícil resistir à tentação de personificá-la? De considerá-la um simples "nível no eu", um fragmento ordinário desse vasto território que se teria simplesmente diferenciado pela sua função de regulação, procedendo por automatismo e sem autor, da mesma maneira como a fisiopatologia nos mostra que um órgão do corpo se especializou, por exemplo, no controle de secreções hormonais...? Por que, com o próprio Freud, essa tentação de fazer dela, com tudo o que isso comporta de paradoxal, um "eu inconsciente"? – paradoxo redobrado, aliás, pela oposição que ele instala em relação ao "id". Por que mesmo, e ainda que por "analogia", "identificá-lo" – cito Freud – "ao 'homúnculo do cérebro' dos anatomistas, que fica no córtex, de cabeça para baixo e com os calcanhares para cima, olha para trás e, como se sabe, tem no lado esquerdo a zona da linguagem"[4]?

O que for inconsciente pode ser ainda, ou pode já ser "eu"? Estaríamos nós, com esses pensamentos tão necessários quanto tenebrosos, em presença disso que é dito no *Agamêmnon* de Ésquilo: "assim aos homens vem, malgrado seu, o pensamento"? O id, visto que admite a recusa se opondo à sua reivindicação, torna-se eu. Nessas operações com as quais a experiência analítica nos confronta e das quais Freud esboça a descrição em "Pulsões e destinos da pulsão"[5], a noção de pessoa não está nem um pouco em jogo. A impessoalidade é a condição da sua execução e é importante, para a sua eficácia, que a experiência analítica conceda a esse lugar do impessoal onde analista e analisando reduzem-se pontualmente aos seus aparelhos.

Não nos chocaremos, porém, com essa tendência, antropomórfica e infantil à personificação, que parece afetar com a sua magia até a exploração científica do aparelho anímico. Pois é preciso ver aí o reflexo, por *mimesis* – mas a *mimesis* é também uma forma rudimentar do pensamento –, da natureza particular que a sua origem perceptiva confere a essa instância. Bem no começo da vida, quando tudo em seu entorno é representado para a criança pelos cuidados parentais, pelos cuidados maternos, é uma instância exterior ao ser que assegura a perigosa regulação da angústia ligada ao estado de *Hilflosigkeit*; se ela se reduz a uma simples função – vamos chamá-la de função materna –, ela é sustentada por uma pessoa que tem uma voz, um rosto, um cheiro, um nome, todos eles traços que

---

4   *Ibid.*, p. 32.
5   Freud, S. Pulsões e destinos da pulsão. In: _____. *Escritos sobre a psicologia do inconsciente: Obras Psicológicas de Sigmund Freud*, v. I. Trad. L. Hanns et al. Rio de Janeiro: Imago, 2004. p. 133-174. [N.T.]

a percepção captura e nos quais o eu se apoiará secundariamente para assegurar, ele próprio, essa função vital. Um desejo anima essa instância, um desejo forte de uma sensualidade poderosa e de tantos enigmas que a percepção interioriza e que contribui, por muito tempo – eventualmente sempre –, para que essa instância se figure no próprio seio do eu como a encarnação do outro, do seu corpo, da sua sensorialidade, do seu inconsciente. Função e pessoa se acompanham, podem e devem se recobrir – essa é a missão estética do espírito. Mas elas podem e devem se dissociar – essa é a tarefa científica à qual Freud se dedica na bem nomeada "Nova conferência": "A dissecção da personalidade psíquica"[6].

Essa tendência à personificação segue a inclinação contrária àquela que o eu realiza no processo da sua constituição, da sua diferenciação. O que se personifica como "uma mãe" ou "um pai" dá lugar a uma apropriação subjetiva que faz do eu o substituto do outro, por dessexualização das identificações, por conversão da libido de objeto em libido narcísica. Mas essa substituição é necessariamente incompleta, de modo que, para o eu, o outro – como o horizonte na paisagem – continua sendo tanto a sua referência quanto o seu limite. E também o seu resto. O outro, o objeto edipiano, é no eu aquilo que deve ser recusado e que só pode sê-lo parcialmente. A relação em que o outro se impõe a si, a fala através da qual o si se opõe ao outro são as consequências longínquas dessa indiferenciação originária do eu e do outro. Essa impessoalidade indicaria tragicamente o sofrimento inato, a incerteza radical que o eu tem de não ser nunca "idealmente eu", mas de permanecer habitado pelo outro como sua "dependência".

---

6 Freud, S. Novas conferências introdutórias à psicanálise. In: _____. *Obras completas*, v. 18. Trad. P. C. de Souza. São Paulo: Companhia das Letras, 2010. p. 124-354. [N.T.]

Em um certo número de situações analíticas, é quase um artifício colocar-se a questão do princípio que comanda a fala. A fala do analisando flui aí livremente, naturalmente. Se ele se cala, se ele deixa que se instale um silêncio mais ou menos duradouro, pensamos que os pensamentos inconscientes, ativados pela experiência transferencial, ganharam um caráter regressivo, mais arcaico. Para se separar dessa memória do infantil e se representar em palavras, num fraseado enunciável, é preciso – é a temporalidade que lhes é própria – que elas se figurem primeiras na linguagem, mais semiótica do que semiológica, do sonho. Assim, esse paciente que não nos fala, aguardemos seus sonhos, esperando que, ao sair do seu sonho, ele converta em palavras endereçadas a nós as imagens e as sensações pelas quais – graças à nossa presença, à nossa continência – ele se deixou, por um instante e sem assombro, atravessar. Não imaginamos que um divórcio qualquer entre os interesses do eu e os efeitos da discursividade tenham podido provocar, nos moldes de uma insigne "revolução palaciana", uma "parada", uma "suspensão" da fala.

Ora, é precisamente o que se passa, em larga escala, num número menor de situações analíticas. Aqui a fala do analisando parece submetida a um controle estrito, cerrado, tirânico. Sua temática se reduz a alguns motivos obstinadamente repetidos; sua tonalidade é da ordem de um *continuum* monocórdio – aqui o furioso da querulência, ali o doloroso da queixa, acolá a neutralidade avassaladora do relato literal. Acontece até de a opressão que parece amordaçar assim a fala do sujeito, transbordar para a sua voz, que percebemos dissimulada, afetada, discordante. E na nossa escuta, experimentando justamente essa dissonância (que é o oposto da ressonância de que eu falava antes) em que falta a inspiração, o nosso discurso interior se desertifica. E, no entanto, esses analisandos adoram as suas análises, são fiéis a elas e delas tiram proveito. Dizem-no com frequência e somos testemunhas disso; é o que constatamos nos mínimos sinais que se trocam no início e no fim de cada sessão: um aperto de mão que se faz menos reticente; um rosto que perde sua severidade; um traje que se faz mais feminino...

É nessas situações que o analista deve contar – em sua participação no processo analítico – com a presença, "em pessoa", de uma instância do eu que se pode provisoriamente definir como comandando a fala. Diante da analisanda evocada no capítulo anterior, ao longo de semanas, meses, até anos – e apesar da pobreza dos indícios com os quais ela alimenta a nossa escuta –, nos convencemos de que, por trás dos múltiplos personagens masculinos da sua realidade, com os quais ela mantém uma relação sempre idêntica – começando com uma espera febril seguida de uma amarga decepção e, então, de um despeito raivoso e inconsolável –, se esconde (ou se mostra) a figura do pai da infância. Ela se recusa a falar disso "porque ele não passa, para ela, de um montinho de ossos esbranquiçados debaixo de dois metros de terra". Mas dali de onde a escutamos isso nos salta aos olhos: esse pai a habita como um fantasma, tendo conservado o essencial da sua potência sedutora; tendo guardado intacta a atração que exerciam, na menina que ela foi, a rejeição excitante que ele lhe manifestava por ser a sua quinta filha e o desprezo que lhe inspiravam as tentativas desajeitadas dela de se impor à atenção dele. Conhece-se o desenlace dessa análise em que o discurso – sob o controle de um nível do eu que vela ativamente no desenrolar do processo – mostra-se trabalhar não para a enunciação das representações inconscientes, mas para o contrainvestimento delas.

O conceito de "resistência" – tão precioso quando a gente imagina, no funcionamento do aparelho psíquico, as vias abertas ao devir consciente – perde em seu desempenho e no seu interesse naquilo que concerne ao "conhecimento sofredor" com o qual uma análise como essa nos confronta. Essa noção de conhecimento sofredor, *pathei mathos*, define uma forma de inteligência do funcionamento psíquico e um instrumento da sua regulação que seria o intermediário entre o automatismo do princípio do prazer e a reflexão que anima a consciência. Pierre Fédida a deslocou do poema épico para a clínica da transferência porque, escreve ele, ela vem "dar significação trágica ao psicopatológico". A noção de "contrainvestimento" presta contas da sua natureza: a representação de coisa – escreve Freud em "O inconsciente"[7] – acessa o devir consciente ao se ligar a uma representação de palavra; inversamente, um contrainvestimento pelas palavras a mantém no estado inconsciente. Na "superconsciência" que essa paciente desvela do apego infantil que a prende ao pai, o conhecimento que ela adquire dessa relação não evita o contrainvestimento do seu valor incestuoso. Conhecimento sofredor no sentido de que o conhecimento "sofre" a transgressão, no sentido de que a lucidez anda de mãos dadas com a dissimulação.

A ironia que se manifesta no reconhecimento negativo da presença do seu pai consiste em reduzir ao mesmo, em confundir esses opostos perfeitos que são a lucidez e a dissimulação, e em fazer com que se neguem reciprocamente os seus respectivos poderes. É que a ironia não trabalha pelo conhecimento, no sentido da consciência que se pretende puro conhecimento e puramente refletida. Ela serve para outro fim, que é o de proteger o sujeito disto de que a renúncia aos objetos edipianos o ameaça: o desencadeamento da

---

7   Freud, S. O inconsciente. In: _____. *Obras completas*, v. 12. Trad. P. C. de Souza. São Paulo: Companhia das Letras, 2010. p. 99-150. [N.T.]

angústia, o desfraldamento da dor. A ironia é uma recusa. E, afinal, se essa paciente utilizasse a sua análise não para deixar o sofrimento manifesto que os seus sintomas lhe ocasionam – e que poderia representar, na vida sem brilho que ela se impôs como seu bem mais precioso –, mas para penetrar mais fundo na relação que, por meio da sua neurose obsessiva, ela continua a manter com seu pai morto, o que é que teríamos para dizer disso? O analista, se ele quer conservar o seu ato no campo da laicidade e da ciência, deve se lembrar de que só está submetido a uma obrigação de meios, não de resultado.

E eis que, então, com a paciente que acabei de evocar, descobrimos que, no dispositivo analítico que permaneceu imutável quanto ao enquadramento, não somos mais dois – um analisando que fala e transfere, e um analista que escuta e constrói –, mas que uma terceira pessoa – o pai dela – se manifesta por uma presença muda, porém ativa. Essa paciente não traz para a sua análise nenhum relato de sonhos; ela, apesar do tempo, não engrenou nenhum trabalho de luto. Acaso ela se consola, do desespero ao qual a levou o desamor de seu pai, figurando-o em presença, na minha presença? – assim como fez Palas Atena diante da dor que dilacerou Penélope, quando ela soube da ameaça que "a emboscada dos pretendentes" fazia recair sobre Telêmaco:

> Feito leão dubitativo em meio à turba de homens que fecha em círculo o golpe da cilada, se agita, até que a toma o sono inescapável, reclinada, as junturas todas afrouxando. Atena olhos-azuis maquina: fez imagem fantasmal, símile de uma mulher, Iftima, filha de Ícaro, magno-generoso [...] e a enviou à moradia de Odisseu divino: um fim queria dar ao pranto sussurrante não

contido mais pela consorte de Odisseu. Entrou no quarto
pela cilha do ferrolho, encimou-lhe a cabeça e proferiu:
"Penélope, dormes, aflito o coração? Sempre viventes os
deuses, desconhecedores de percalços, não te consentem
desespero, pois Telêmaco não tarda [...].[8]

O fantasma do pai que a situação analítica atualiza não se
transfere para a minha pessoa. É uma alucinação *sem deslocamento* cuja finalidade e economia são extremamente precisas:
prevenir que uma substituição como essa, da pessoa do analista
pelo objeto do desejo inconsciente – na medida em que essa operação psíquica carrega o espírito da renúncia –, não faça com que
ele morra uma segunda vez! Tratar-se-ia, então, para essa mulher,
de não perder seu pai, ou de não perdê-lo mais uma vez, para
ela própria não se perder através dele. Seu eu tem um conhecimento intuitivo e sofredor do perigo ao qual a situação analítica
a expõe: o perigo ao qual, pela sua imaturidade, pela fragilidade
da sua organização narcísica e a precariedade das suas relações
de objetos, ele estaria exposto caso deixasse a fala realizar livremente – no ritmo que é o dela, e que não é o dele – o seu trabalho
de representação e de negação das formações inconscientes conservadas no id. Esse conhecimento impele à personificação da
instância paterna. Ele assegura, assim, a mesma função protetora
que a figura da "mãe suficientemente boa" – segundo Winnicott
– proporciona ao bebê, ao se isolar com ele do mundo, não somente para protegê-lo das suas excitações, mas para lhe oferecer esse momento de retirada exigido pelo desenvolvimento dos
autoerotismos e pela constituição de um eu independente. Uma
instância incumbida, portanto, da tarefa de renunciar à renúncia;

---

8   Homero. *Odisseia*. 2. ed. Trad. T. Vieira. São Paulo: Editora 34, 2012. p. 139,
    141.

e que tende a se figurar como uma pessoa à medida que expressa, aí, uma vontade e manifesta, portanto, uma razão.

Pois a renúncia aos objetos do id exige que o eu tenha adquirido uma capacidade de sublimação suficientemente boa para perlaborar o afeto que essa renúncia libera, com risco de este se decompor em angústia. Ela exige que o eu tenha ainda adquirido uma aptidão suficientemente ágil à identificação para que a perda desses objetos – por mais preciosos que sejam – possa ser compensada, consolada pela assunção sempre nostálgica de uma subjetividade. Com o risco de que se desenvolva uma dor infinita e intratável que ameace, além disso, (e aí está o ponto mais trágico dessa situação), agravar a propensão sacrificial do "eu inconsciente" levado a escolher, preferencialmente, a vida, "o amor dos começos"; e, preferencialmente, o abandono dos seus objetos, a morte psíquica. "A angústia de morte" – escreve Freud, ainda em "O eu e o id" – "admite apenas uma explicação: o eu abandona a si mesmo por sentir-se odiado e perseguido pelo supereu, em vez de amado. De modo que, para o eu, viver significa ser amado [...]"[9].

Da renúncia, Freud não parou de falar. A ocorrência da palavra *Verzichtung* em sua obra é considerável. Espanta-se que o *Vocabulário da psicanálise*[10] não tenha concedido uma entrada a esse conceito. É verdade que Freud faz dele um uso pouco específico. Ocorre-lhe de utilizar indiferentemente os seus sinônimos que são "perda" (em *Luto e melancolia*[11]) ou "abandono" (em "O eu e o id").

---

9   Freud, S. O eu e o id, *op. cit.*, p. 73. (Trad. modificada.) [N.T.]

10   Laplanche, J.; Pontalis, J.-B. *Vocabulário da psicanálise*. Trad. P. Tamen. São Paulo: Martins Fontes, 1992. [N.T.]

11   Freud, S. *Luto e melancolia*. Trad. M. Carone. São Paulo: Cosac Naify, 2011. [N.T.]

Esse leque semântico teria o intuito de varrer mais amplamente a multiplicidade das ações psíquicas elementares de onde essa operação procede? Pois o objeto edipiano é aquele de que é preciso se separar, é essa a ordem do interdito do incesto. Essa renúncia é a condição da subjetividade, mas é mais que isso, a sua condição trágica: "Gostaríamos de apreender – escreve ainda Pierre Fédida –, com Hölderlin, que, no fundamento do trágico encontra-se o monstruoso do acoplamento do deus e do homem, a 'união ilimitada': o trágico é o que nomeia a onipotência das identificações passivas que colocam o homem nessa posição invertida do herói épico capaz das 'grandes vontades' que são exigidas pela 'separação igualmente ilimitada'[12].

Friedrich Schlegel, a propósito do *Wilhelm Meister*, de Goethe, diz isso de outra forma: "Nós devemos poder nos elevar acima do nosso próprio amor e aniquilar em pensamento aquilo que adoramos, senão – e sejam quais forem as faculdades que tenhamos, aliás – falta-nos o sentido do universo."

O objeto edipiano é também aquele que não cessa de se furtar a nós, até de nos excluir – testemunha disso é a fantasia da cena primitiva que está inexoravelmente a ele associada. A perda da pessoa, da mãe, do pai, só é "traumática" por convocar, como sua verdadeira fonte de angústia e de dor, essa perda primeira do objeto da libido edipiana. Donde a injunção teórica que fazemos de nunca perder de vista que, aquilo que denominamos renúncia só concerne, de fato, aos objetos originariamente perdidos. Há, pois, nesse conceito de renúncia, uma tensão que o pensamento deve sustentar uma contradição que ele não deve liquidar. Ao que se soma ainda – como a terceira aspereza de um conceito realmente injurioso para o pensamento –, o fato de que essa sexualidade do id

---

12   Fédida, P. *Crise et contre-transfert*, op. cit, p. 21.

da qual se alimenta a atração incestuosa, por sua viscosidade, sua inércia, é alienante. Ela é uma libido que se fixa mais aos objetos do que se apega a eles. Ela institui mais uma dependência, uma constrição do que um laço de amor. Do lugar do guardião da vida de onde o eu é chamado a se constituir, essa satisfação primária é tanto uma satisfação quanto um perigo, tanto um prazer quanto um desprazer. A sexualidade infantil, em sua pré-história pulsional, é uma sexualidade do desprazer, uma sexualidade da dor e da sujeição. E é essa carência fundamental de desempenho, no plano econômico, que a condenaria a ser o objeto de uma renúncia.

Eis, com essa noção de renúncia, mais que um conceito, um "complexo". O que me parece reunir a polissemia do "complexo da renúncia", dar-lhe coerência teórica, acuidade clínica e alcance separador são o lugar muito preciso – e do qual tampouco se pode separá-lo – que ele ocupa no par de opostos que ele forma com a noção de conservação. O essencial dos conceitos freudianos se dá em par de opostos, inscrevendo-se, assim, em algo que não é uma dialética, e sim algo que seria mais o que os românticos alemães – Novalis e Schlegel, em particular – denominavam "consentimento deliberado às contradições", e no qual eles viam o que servia de mote tanto ao chiste quanto à ironia. Uma contradição porque a oposição deles continua sempre mantida, ativamente, numa relativa assimetria; e porque cada termo dessa oposição garante ao outro, alternadamente, ora uma função de referência, ora uma função de designação. De modo que seria redutor pensar o "eu" fora da sua referência ao "objeto" – e ao "id"–, ou pensar o "narcisismo" independentemente da sua oposição à "libido de objeto". Por esse "método" de pensar (é certamente de um método que se trata) que consiste em opor as categorias psíquicas com fins de limitá-las e de fazer sobressair o seu brilho, mas com o efeito – talvez involuntário, talvez *witzig* – de elas exercerem uma contra a outra certo poder de negação; Freud não teria, por uma via mais retórica do que demonstrativa, ordenado o corpo da teoria sobre essa operação da negação que comanda, de começo a fim, a renúncia originária ao "não" simbólico do funcionamento do aparelho da alma?

Retorno à renúncia em sua oposição à conservação "de todas as formações psíquicas". Aí uma artimanha pela qual a pulsão se volta contra ela mesma, nega a si própria, troca a sua finalidade ativa por uma passividade, a sua força de fixação a um objeto único, aparentemente imutável, por um apego "sublimado" a um objeto do mundo que é justamente o analista na transferência. Aqui, uma tendência trazida pelo aparelho da alma – "que queria reduzir a zero o nível da excitação"–, mas trazida também por algo que não tem essa frieza mecânica, muito pelo contrário: estou pensando na memória, aquela que começamos a tecer bem antes da nossa entrada na cultura e na linguagem – a memória dos nossos objetos edipianos, tal como os interiorizamos ao nos identificarmos com eles; e também a memória que eles já carregavam em si mesmos (os pais) dos seus próprios objetos edipianos; e, através desses últimos, por fim, a infinita e comovente memória da filogênese. Essa memória de que somos essencialmente feitos e que apenas a vida pode vir a continuar. Entre esses dois atos, o eu – negando um, negando o outro e, no entanto, concedendo a cada um deles a sua parte. Nos momentos de extrema tensão, quando o desequilíbrio ameaça com a ruptura, quando este se torna o próprio trágico do psicopatológico, então esse eu – feito o saltimbanco de Nietzsche, marchando por sobre espectadores na sua corda – recorre à negação que nega a si mesmo: a ironia.

Friedrich Schlegel – primeiro como filólogo, depois como escritor realmente moderno – é o autor romântico que soube dar à noção socrática da ironia todo o seu alcance; e é aquele que representou o elo intermediário entre a tradição antiga e a jovem ciência do espírito que Freud inaugura. Por isso me oblitero, para terminar, diante da sua palavra. Num dos seus mais amplos fragmentos, está dito:

> A ironia socrática é a única dissimulação totalmente involuntária e, no entanto, totalmente lúcida [...] Para quem não a possui, ela permanece um enigma, mesmo depois da mais franca das confissões. Ela não deve tapear ninguém, a não ser aqueles que a consideram tapeação [...] Nela tudo deve ser só gracejo e seriedade, tudo deve ser ingenuamente sincero e também profundamente dissimulado. Ela nasce da união entre o sentido da arte de viver e o espírito científico [...] Ela contém e desperta um sentimento da insolúvel contradição entre o incondicionado e o condicionado, da impossibilidade e da necessidade de uma comunicação completa.[13]

---

13 Citado por Ayrault, R. *La genèse du romantisme allemand*, tomo I. Paris: Aubier, 1969. p. 167.

11. Figuras da protomelancolia

A resistência que a afecção psicótica opõe ao tratamento psicoterápico – bem como a todo e qualquer outro tratamento, aliás – manifesta-se pela subtração do paciente ao cuidado ou pela sua instalação na cronicidade e, mais indiretamente, aos seus impulsos suicidas. Ela é o lugar de um obstáculo terapêutico que, como a obscuridade teórica que o acompanha, deve primeiro ser reconhecido pelo procedimento científico.

É preferível falar de situações psicóticas e banir o termo "psicótico" para fazer jus ao fato de a noção de sujeito, de subjetividade, não ser corrente nesse encontro entre duas existências "igualmente em desamparo" que são o paciente e o cuidador, ou o doente e a instituição. Duas existências em desamparo tais como as reencontramos num outro teatro da tragédia humana, entre Ofélia e Hamlet – depois de este ter assistido à aparição do espectro – ou entre Antonin Artaud e o seu leitor. A psicose, com efeito, manifesta-se como "doença", "loucura", alienação no contexto exclusivo do encontro com o outro; e, mais frequentemente, por meio de uma negação, ou exclusão, tanto da realidade do *encontro* quanto da instância do *outro*. A tal ponto que, por diversos séculos, a solução, rudimentar e imediata, dada a essa questão fora de proteger o doente do perigo que o outro representava para ele – e vice-versa –, trancafiando o primeiro nos asilos (palavra tão pungente devido ao seu duplo sentido de acolhimento e de rejeição). O que ilustra, de forma agora lendária e trágica, a reclusão durante os quarenta últimos anos de vida do "pobre" poeta Hölderlin, sob a guarda do carpinteiro Zimmer, na mais preponderante torre ao longo do Neckar.

Não é seguro que seja possível abordar de forma frontal o estudo dessa situação, nem que se possa circunscrevê-la conforme uma abordagem que seria exclusivamente psicopatológica, ou exclusivamente fenomenológica – ou, ainda, nosológica. Todas as tentativas que foram feitas nesse sentido, e cuja soma constitui o saber sobre o qual apoiamos atualmente o nosso pensamento a respeito dessa questão, trouxeram representações, hipóteses frequentemente belas, às vezes verdadeiras. Todas, no entanto, se furtam à ação bem fraca que a teoria – seja ela qual for – exerce, não sobre a compreensão desse fenômeno, mas sobre a sua transformação, o seu tratamento. As teorias que vigem atualmente na nossa tradição científica surgem como teorias "contemplativas" (o que está longe de ser sem interesse), mas a incidência delas numa práxis do cuidado e da troca continua mínima, fora de proporção com o seu "fulgor" conceitual.

Com o pensamento psicanalítico é assim. A doutrina freudiana revelou-se de uma eficiência sem equívoco no que concerne à abordagem das afecções neuróticas, explicitando teoricamente os mecanismos psicopatológicos que as determinam e fundando um método, o tratamento analítico, que autoriza a sua correção. No que concerne às afecções psicóticas, para as quais Freud não estava naturalmente voltado e pelas quais ele se interessou sob a influência – "mediante a ordem", de certa forma – de Jung, a teoria psicanalítica, como escrevi noutro momento[1], enriqueceu-se mais com a exploração da psicose do que esta tirou proveito do seu método. O caso do Presidente Schreber é, a título disso, exemplar. Freud aprofundou ali a sua compreensão da libido, do narcisismo, da projeção, mas o conhecimento assim adquirido aclarou mais a vida psíquica normal do que a problemática singular engrenada nessa situação psicótica. É bem verdade que o Presidente Schreber era, para Freud, um paciente *in effigie*, visto que ele o encontrou (e reconstruiu a história dele) apenas através dos seus escritos autobiográficos[2]. Eis aí um paradoxo pungente, na medida em que poderia ser paradigmático de todas as tentativas teóricas concernentes a essa situação, as quais, ignorando – ou recusando – a dimensão infrassubjetiva em que evolui, *in vivo*, o encontro entre o ser assim afetado e o seu interlocutor, tratam-na como se ela fosse um encontro intersubjetivo.

"Um pai coloca, ao pé da árvore de Natal, um caixão para a sua filha acometida por um câncer"[3]. Esse é um dos exemplos pelo qual Ludwig Binswanger – tentando fundamentar uma análise existencial da psicose – ilustra o exagero, a distorção que caracterizam, a seu ver, o modo psicótico de "ser-no-mundo". O exemplo não foi tomado emprestado de uma situação psicótica comprovada; ele concerne a um homem público de tamanha notoriedade que o autor teve de se vetar no que se refere ao fornecimento de qualquer in-

---

1   Rolland, J.-C. Sorcellerie de l'image. In: *Avant d'être celui qui parle*. Paris: Gallimard, 2006.

2   Freud, S. Observações psicanalíticas sobre um caso de paranoia (*Dementia paranoides*) relatado em autobiografia. In: _____. *Obras completas*, v. 10. Trad. P. C. de Souza. São Paulo: Companhia das Letras, 2010. p. 13-107.

3   Binswanger, L. La distorsion. In: _____. *Trois formes manquées de la présence humaine*. Paris: Le cercle herméneutique, 2002. p. 60-66.

formação a respeito da sua estranha personalidade. Não obstante, escreve ele, "a impressão que nós, que nos situamos na experiência natural, recebemos de um comportamento como esse é um soco na cara... ficamos aterrorizados com isso". Mas, acrescenta adiante, "a impressão que essa imagem produz em nós – isto é, a impressão de uma pessoa desvirtuada, no último grau, e desvairada – vale também para a nossa reação ante essa pessoa, para a nossa tomada de posição diante do pai, tendo em vista essa impressão". É interessante notar o avanço que Binswanger realiza aqui, ao opor à experiência "natural" (do encontro) a experiência "psicótica"; e, ao situar, então, a psicose como certo efeito, ou causa, de certo não encontro. O interesse da fenomenologia é retificar a discriminação que o bom senso estabelece entre normal e patológico. Nesse ponto, ninguém esteve mais perto de Freud que Binswanger.

Daí o autor recupera os motivos, absolutamente fundamentados, que animam esse ato extravagante: em épocas primitivas – e, exatamente como Freud, Binswanger não pôde pensar a psicose sem recorrer ao que essa afecção representa de atividade psíquica fóssil – a dádiva mais preciosa que se poderia conceder a um ser amado era lhe assegurar uma sepultura correta. Na China, não faz muito tempo, ainda era costume as crianças oferecerem à sua velha mãe um caixão, que ela expunha na sua sala à espera de ali jazer em definitivo. Conta-se, também, que com frequência se viu pai e filho construírem, juntos, o caixão daquele entre eles que estivesse condenado. Binswanger nota, ainda, que a ideia de presente inscreve-se logicamente na ideia de Natal e de árvore, assim como a ideia de caixão compartilha com a ideia de câncer a conotação da morte. Não há, pois, num certo nível, nada de ilógico nem de incoerente nesse ato de amor que consiste em "presentear com algo de que a pessoa gratificada pode precisar [...] a única coisa que a sua filha ainda possa utilizar, mas que ela só poderá utilizar quando morta". O esquema da reflexão que o anima é o "se... então" ou "se... assim". Desenvolvido tematicamente, isso dá no seguinte: "Se a minha filha doente está precisando de algo, é de um caixão; logo, eu dou um de presente para ela". Sendo esse ato, então, adequado, metódico... porque unanimemente nos aparenta ser tão chocante e inapropriado?

Para Binswanger, isso vem do fato de que, sob a intenção logicamente benévola, manifesta, desse gesto, jaz uma intenção – "um desígnio", diz ele – rigorosamente contrário. Ele expõe o seu procedimento numa linguagem tão específica que eu o estaria traindo ao retraduzir nas minhas palavras. Cito:

> *Com o ato de dar algo de Natal, o pai abre a comunicação com sua filha; ele vem ao encontro dela no estar junto. O presente não significa, em si, um estar-aberto comum do qual se participa reciprocamente? Mas aqui – e é o que há de determinante para a distorção – o passo que é dado em direção ao aberto do estar junto é retomado pela própria escolha do presente; não só retomado, mas invertido no seu contrário. Isso quer dizer que a participação comum no sentido de dar e receber um presente transforma-se numa completa não participação do lado da pessoa que recebe. Pior, o presente vira ofensa [...] A lógica do tema "presente de Natal para a filha cancerosa" é desvirtuada a ponto de ultrapassar o limite em que o estar junto podia justamente ser, ainda, salvaguardado.*

Trata-se, aí, de uma belíssima análise à qual o pensamento analítico só pode consentir plenamente – ainda que ele fosse lhe dar uma formulação totalmente outra. Não são os conceitos emprega-

214 FIGURAS DA PROTOMELANCOLIA

dos que constituem as divergências teóricas, mas sim as referências que esses conceitos elidem ou das quais se esquivam. A inversão no seu contrário do desejo inconsciente é uma das determinantes capitais do processo psicótico – devemos voltar a isso – e a coexistência do estado originário parcialmente conservado da pulsão com o novo estado oriundo desse retorno presta contas, por si só, da tão ruidosa ambivalência de sentimentos nessa situação[4]. Somente o pensamento fenomenológico de Binswanger permanece mudo e indiferente à seguinte pergunta – que, para nós, salta aos olhos –: o que é que, na natureza íntima da pulsão (do desígnio), explica um destino como esse, de inversão no seu contrário?

É muito significativo – e é por isso que esse primeiro desvio por esse autor nos é necessário – que Binswanger não recorra, aqui, à teoria freudiana, que ele, no entanto, conhece bem – como testemunha o laço estreito, que se estendeu por trinta anos, que Freud e ele mantiveram e com relação ao qual a correspondência deles dá uma imagem comovente e triste. É de se espantar que o psiquiatra, que Binswanger permaneceu resolutamente, não discirna – como teria feito o analista Freud –, na veneta desse pai que se comporta como se a sua filha e ele estivessem a sós no mundo e nada lhes estivesse interditado, a mesma paixão edipiana que conduz outros pais a realizar um incesto que eles consideram um presente dado à criança, nem mais nem menos macabro que o primeiro. É de se espantar porque, numa carta datada de dois de maio de 1909, Freud – comentando um trabalho de Binswanger intitulado "Ensaio de uma análise de histeria" – lhe escreve isto:

---

4   Freud, S. Os instintos e seus destinos. In: _____. *Obras completas*, v. 12. Trad. P. C. de Souza. São Paulo: Companhia das Letras, 2010. p. 51-81. (Trad. modificada.)

Que Irma [a paciente de Binswanger] tenha perdido o pai tão cedo bem poderia ter tido uma grande influência sobre a fixação homossexual. As fantasias concernindo a um caixão – o fato de ser enterrado vivo, de morrer com um outro – parecem supérfluas, para o senhor, ou acaso elas estão desprovidas da última interpretação? O caixão = o ventre materno, ser enterrado vivo = a vida in utero [...] A terceira fantasia: estar a dois num túmulo = estar deitados na mesma cama.[5]

Há, decerto, um tom de exprobração ou de alarme nessas palavras de Freud que insistem que o seu aluno e amigo se recuse a levar em conta a atuação da sexualidade edipiana primária na gênese da afecção psicótica. Mas com a distância desses anos – em que a psicanálise pensava triunfar sobre todos os obstáculos –, e graças à experiência adquirida, não culparemos esse autor, de honestidade e coragem científica incontestável. Pois essa recusa da parte de Binswanger não é uma resistência; ela só vem indicar a função concedida à afecção psicótica de disfarçar o seu fundamento edipiano, de interditar não o seu curso ou a sua realização, mas a representação disso que ela consuma tão completamente. Pensar juntas a sexualidade e a psicose, no encontro vivido com o sujeito que é por elas afetado, parece inconciliável – ou só é possível ao "ausentar" esse último. Desafio quem quer que seja a apreender *in vivo*, na figura do caixão, uma representação do incesto. Como se nessa situação nos encontrássemos não munidos das ferramentas conceituais necessárias para pensar esse fato.

---

5   Freud, S. Binswanger, L. *Correspondance* 1908-1938. Paris: Calmann-Lévy, 1995. p. 73.

E, no entanto, ao introduzir esse estranho exemplo num trabalho escrito cinquenta anos depois da carta que acabei de citar, Binswanger não repensa – formulando de outro jeito – o papel da atração edipiana "primária" nessa desagregação da relação com o outro que designa, doravante, como "distorção"? A paixão edipiana – tal como o teatro antigo de Sófocles, em *Édipo rei*[6], e de Ésquilo, em *Agamêmnon*, faz ressoar sua violência irremediável e sua loucura destruidora – se percebe no exagero que dá à conduta desse pai o seu caráter inapropriado e chocante. O corifeu enunciando, no seu canto, o que o próprio Agamêmnon não pode dizer a si – a saber, a cumplicidade erótica que o rei encontra na realização do sacrifício de Ifigênia – se exprime assim:

> *Depois de aceito o jugo da necessidade, o rei fez sua escolha e admitiu o sacrifício, vilania inominável; a decisão foi obra de um instante; iria consumar-se a máxima ousadia. A decepção funesta arresta os homens a insólitos extremos de temeridade; é conselheira péssima e é fonte inesgotável de amargura e sofrimentos. Pois Agamêmnon não se atreveria ao holocausto de Ifigênia, sua filha, a fim de que pudessem ir as naus de mar afora resgatar Helena bela?*
>
> *[...] Depois da invocação aos deuses todos, mandou o pai que subjugassem sua filha; usando as vestes para proteger-se, tentava a virgem frágil resistir lutando desesperadamente, mas em vão; como se fosse um débil cordeiro indefeso, puseram-na no altar do sacrifício; brutal mordaça comprimia rudemente seus lindos lábios trêmulos de medo e sufocava imprecações; quando caíram por ter-*

---

6   Sófocles. *Édipo rei*. 2. ed. Trad. T. Vieira. São Paulo: Perspectiva, 2015. [N.T.]

ra as vestes de formosas cores, a cada um de seus verdu-
gos impassíveis volveu os eloquentes olhos súplices – tão
expressivos como se pintura fosse desesperada por falar,
mas muda; ela, que tantas vezes nas festivas salas do se-
nhoril palácio de Agamêmnon cantava com a voz doce
de donzela tímida os hinos em louvor ao pai amado![7]

Há aí uma revelação que nos força a considerar que a atração edipiana, que institui o outro como objeto, procede em seu movimento primeiro, à sua destruição; e que essa paixão, convocada para fundar ulteriormente a transferência, seja previamente o seu negativo – ou sua recusa. "A dádiva edipiana exige uma completa não participação da pessoa que a recebe", escreve Binswanger. São estes dois fios que eu queria entrelaçar: aquele representado pelo fato de que a psicose obera a significação com uma realização edipiana idealmente pura e o fato de que essa realização exclui esses protagonistas (do estar junto) da comunidade humana. Dois fios aos quais quero juntar um terceiro, relativo à indestrinçável imbricação entre as categorias da morte, auferida ou concedida, e do desejo, tal como eles reinam nessa situação que só conheceria, da morte, a figura do assassinato.

No exemplo relatado por Binswanger, pode-se excluir a ideia de que aquilo que, à primeira vista, torna esse ato tão chocante para nós é o fato de presenteá-la com um caixão só poder precipitar a filha cancerosa em direção à sua morte anunciada – ideia que exclui o pensamento de que há também inversão no seu contrário

---

7   Ésquilo. Agamêmnon. In: _____. *Oréstia.* Trad. M. da G. Kury. Rio de Janeiro: Jorge Zahar, 1991. p. 26-27. [N.T.]

de um desejo sexual. Tive recentemente, em minha prática analítica, uma experiência estranha.

Uma mulher demanda uma análise quando hospitalizada por um delírio místico em via de resolução ou de recalcamento. Sua postura é francamente melancólica; ela resulta nesse proceder que lhe causa horror sob a pressão da sua calorosa família – em particular da sua irmã, que fez, ela própria, uma análise. Está, primeiramente, na maior reticência e desconfiança; depois, abre-se – se não à transferência, pelo menos a um trabalho associativo a partir do qual posso lhe dar interpretações que a aliviam. Seu humor melhora; sua dor, tanto física quanto moral, se apazigua; seu corpo perde a rigidez e o imobilismo. Tudo isso, um pouco.

Essa etapa da melhora sintomática é sempre um momento crítico da análise, pois é nessa etapa que, em um número vertiginoso de casos, os pacientes a interrompem sem dar notícia. Ou não voltam – deixando ou não uma mensagem –; ou nos informam verbalmente, e nenhum de nossos argumentos os faz mudar de ideia; ou, e isso é o pior, entregam-se a gestos que os colocam, fisicamente, fora do estado de realizar esse processo.

Foi assim com essa mulher, que se atirou do quarto andar – o que não colocou sua vida em perigo, mas iria incapacitá-la por um bom tempo. Fui informado disso pelo seu marido, que, muito amavelmente – tornando-as, assim, ainda mais macabras – precisou as circunstâncias do fato, as quais são de uma analogia impressionante com o exemplo relatado por Binswanger. Sua família antecipava esse risco do suicídio e se organizava de modo que um dos seus membros estivesse sempre presente ao lado dela. Assim, sua filha lhe consagrou o domingo. Só que, no fim da tarde, ela se ausentou por um instante para efetuar um conserto em seu carro estacionado embaixo do imóvel. Então um corpo caiu ao lado dela: o da sua mãe.

É evidentemente esse o traço que mais me impressionou, essa encenação da morte entre um progenitor e um filho. Entre a primeira concepção que Freud ofereceu da histeria e que ele rejeitou, designando-a como sua *neurotica*, e a estrutura íntima do estado psicótico há grandes analogias. Porque o afeto circulando entre o progenitor e o filho é proximal demais, ou intrusivo demais, ou violento demais (e talvez, nesse nível arcaico do laço, a qualidade do afeto não entre em jogo: só conte a quantidade e, sobretudo, o excesso), tornam-se indiferentes as suas respectivas identidades e, ao mesmo tempo, desaparece a distinção das cenas do real e da fantasia. Contam apenas as posições de vítima e de agressor, de sedutor e de perseguido, de adulto e de prematuro que cada um dos protagonistas pode ocupar a qualquer momento na maior instabilidade. A indiferenciação das categorias da morte e do assassinato vai ao encontro da indiferenciação primeira das identidades. O apego edipiano tende a confundir os sujeitos envolvidos, dissolve sua alteridade recíproca; e é em virtude disso que ele seria o grau zero do assassinato. O Édipo ou a barbárie.

Um "pequeno" texto de Freud intitulado "Alguns tipos de caráter encontrados na prática psicanalítica"[8], ainda que o autor não faça explicitamente referência à psicose, poderia nos abrir as portas do que permanece tão enigmático nessa afecção. Três correntes de pensamento heterogêneas animam a sua escrita, as quais resumo brevemente.

---

8   Freud, S. Alguns tipos de caráter encontrados na prática psicanalítica. In: _____. *Obras completas*, v. 12. Trad. P. C. de Souza. São Paulo: Companhia das Letras, 2010. p. 253-286.

"O fracasso no triunfo"[9] – que comanda certas personalidades ou certos destinos (os dois termos estão, aqui, numa estranha proximidade) que caem doentes bem no momento em que o projeto pelo qual zelam com o maior afinco está prestes a se realizar – antecipa o que Freud desenvolverá bem mais tarde como "reação terapêutica negativa", a saber, a resistência impossível de suspender que o paciente opõe ao analista, quando sente que este se aproxima da resolução do seu sintoma. "Fracasso no triunfo" é um termo menos científico que "reação terapêutica negativa", mas é mais pungente, pois se refere explicitamente a uma intenção – um "desígnio", diria Binswanger.

Essa conduta chocante deve-se ao caráter do paciente, a saber: ao apego consciente e ferrenho que o sujeito tem com o seu sintoma, em razão do sofrimento que ele lhe inflige ou, mais frequentemente, por causa da originalidade que ele lhe confere, lhe dando uma superioridade sobre os outros ou o autorizando a liberdades e a gozos que o homem normal se interdita. Se o apego à sua situação lhe é consciente a ponto de reivindicá-la em alto e bom som, os motivos que o determinam permanecem, por sua vez, inconscientes.

A clínica analítica é um dos maiores senões desse texto – informa-nos muito mal e parcamente a respeito da situação de fato. Freud opõe a ela – como mostrou Laurence Apfelbaum[10] – a literatura, que dá disso ilustrações brilhantes e comoventes que revelam a sua dimensão trágica, o *pathei mathos*. Assim, o desvio pela criação literária e o seu comentário representam a via lateral

---

9   *Ibid.*, p. 260. [N.T.]

10   Apfelbaum, L. L'alliance de la littérature e de la psychanalyse. *Libres cahiers pour la psychanalyse*, n. 13 ("Passions et caractères"). Paris: In Press, 1/2006. p. 127-135. [Artigo disponível online pelo DOI *10.3917/lcpp.013.0127* [N. T.].]

necessária à penetração de certos comportamentos profundamente humanos com os quais, além disso, o poeta nos permite que nos identifiquemos. Freud fundamenta o essencial do seu estudo num romance de Ibsen e em dois dos mais trágicos personagens de Shakespeare: Ricardo III e Lady Macbeth. Esse último caráter emblemático inverte a chaga da sua feminilidade em insígnia do poder; daí, no momento em que vai se realizar o seu desejo de reinar, inverte uma vez mais o seu desejo em assassinato de si. A série das "inversões no seu contrário" que organizam o destino dessa heroína não é apenas do foro dos determinismos inconscientes que a psicopatologia certamente conhece bem, mas também do foro de decisões conscientes que só o dramaturgo está em condições de ler – e que ele nos restitui ao abarrotar esse personagem com uma vontade selvagem.

Se as três linhas de pensamento contidas nesse texto são igualmente suscetíveis de aclarar a nossa reflexão, a que nos é imediatamente a mais útil concerne à questão do caráter. Seja qual for a problemática que lhe é própria (automatismo mental, projeção delirante, alucinação ou, ainda, introjeção melancólica), nunca se pode – no que concerne à psicose – dissociar o sintoma do apego que o paciente tem com ele, pelas razões que tentaremos deslindar; que ele tem com ele *a posteriori*, depois que o sintoma foi sentido como uma "formação" estranha à sua personalidade depois de ter sido uma fonte de sofrimento e humilhação. "A entrada na doença" se dá quando, de repente, o sujeito se identifica com o seu sintoma, faz disso um traço de caráter e o reivindica como um objeto de orgulho, de grandeza, e uma fonte de gozo. Talvez essa etapa secundária defina a loucura, que seria da psicose, a sua parte sagrada heroica. Talvez, inclusive, essa etapa secundária, revelando o desenvolvimento descontínuo do estado psicótico, seja aquilo que

222 FIGURAS DA PROTOMELANCOLIA

é justamente comum à multiplicidade dos processos psicóticos que a ciência nosológica – jamais devemos negligenciar isso – nos ensinou a conhecer. Sem dúvida, é sofrível para o psicopatologista reconhecer que, ao se centrar – como é dele exigido – na "máquina" psíquica, nas engrenagens do seu determinismo, ele perca de vista a humanidade das artimanhas por meio das quais o sujeito se contenta, consigo mesmo, com aquilo que o afeta, e sobrevive a isso tudo. Talvez o poeta esteja na posição diametralmente oposta.

A conversão em traços de caráter interessa igualmente às múltiplas figuras sintomáticas geradas pelo processo psicótico. É provável que esse mecanismo garanta uma resolução assaz radical da dor melancólica que opera nessas situações, e a sua eficácia pode dissuadir o sujeito de se submeter a cuidados que ele pode julgar – a partir dessa experiência – perigosos ou prosaicos. Ao final de longos anos de errância marcados pela solidão e por fracassos de toda ordem, e justo antes que ele se autorize à redação destas duas obras capitais que são *Hyperion* e *A morte de Empédocles*, Hölderlin se entrega a uma confissão que testemunha – em termos de que o psicopatologista não dispõe – em que consiste esse movimento interior que inverte a dor no seu contrário, o destino: "Eu nunca havia provado tão perfeitamente a verdade dessa palavra antiga e infalível do destino, que nos diz que uma felicidade nova se abre para o nosso coração quando ele resiste e é capaz de suportar a dor da meia-noite – essa palavra que nos diz que é só na profundeza do sofrimento que ressoa em nós divinamente o canto vital do mundo, tal como o canto do rouxinol na escuridão"[11].

Todas as produções sintomáticas dessa afecção constituem o objeto dessa inversão que lhes confere um caráter sagrado e torna derrisório o tratamento delas. Num texto cativante – pela inteligência,

---

11   Zweig, Stephen. (1925) *Le combat avec le démon*. Trad. Alzir Hella, p. 125.

discernimento e amor – da obra de arte que é *Van Gogh, o suicidado pela sociedade*, Antonin Artaud arvora uma posição de querulência que, para um ouvido ordinário, "destoa". À afirmação segundo a qual Gérard de Nerval teria recebido um golpe na cabeça por causa da verdade que ele trazia consigo[12], nós atribuímos um conteúdo delirante; ao passo que, para o poeta, ela não sofre crítica alguma. Há aí um mal-entendido muito grave e muito importante que a teoria não deve apagar. Esse exagero ou dissonância pertencem de pleno direito, ao "canto da noite". O interesse por uma abordagem literária da afecção psicótica deve-se justamente ao fato de ela nos autorizar um quê a mais de desinteresse e de saliência. Não tendo mais de cuidar daquele que lemos e livres do papel de cuidador que nos é atribuído pela nossa pertença à comunidade, então nos é permitido fazer jus à razão do seu autor, tolerar a vontade implacável que organiza essa lógica de destino e compreender a sua recusa em escapar à nossa influência. O desvio pelo estudo literário é, assim, suscetível de enriquecer o estudo clínico; ele nos permite restituir nesse último um fato que, nele, não é diretamente legível.

Entre as produções sintomáticas que são assim neutralizadas em seus efeitos de sofrimento – logo, de alarme – por essa sobredeterminação psicótica, uma justifica que ainda nos detenhamos nela

---

12 "Gérard de Nerval não era louco, mas acusaram-no de ser com a intenção de lançar descrédito sobre determinadas revelações fundamentais, que ele se preparava para fazer e, além de acusá-lo, certa noite deram-lhe um golpe na cabeça – foi atingido na cabeça, fisicamente – para que perdesse a memória dos fatos monstruosos que ia revelar e que, por causa do golpe, passaram, dentro dele, ao plano sobrenatural; porque toda a sociedade, secretamente conjurada contra a sua consciência, era bastante forte, naquele momento, para fazê-lo se esquecer da sua realidade" [Artaud, A. *Van Gogh, o suicidado pela sociedade.* 2. ed. Rio de Janeiro: Achiamé, s/d. p. 8. (Trad. modificada.) [N.T.]].

mais um instante. Fiz referência há pouco à violência do desejo edipiano que parece predispor, quanto à sua longínqua etiologia, ao desenvolvimento do processo psicótico. Nas experiências precoces atravessadas pelos sujeitos que afundarão (sempre tardiamente) nessa afecção, pareceria que a influência sexual exercida pelos objetos parentais tenha sido particularmente opressiva. Pareceria que, conjuntamente, não lhes tenha sido aberta a possibilidade de deslocar esse afeto selvagem para objetos de substituição pertencentes ao mundo real. Não me deterei nas causas (múltiplas) desse entrave primário. Retenhamos somente que a economia libidinal em vigor nessa fase arcaica do desenvolvimento é inconciliável com um processo de subjetivação. A paixão que impregna a troca entre o progenitor e o filho é indiferente às posições estatutárias e geracionais tanto de um quanto do outro; desconhece a oposição entre visadas destrutiva e conservativa; para ela, a única coisa que conta é a realização do seu desejo – cujo paradigma é a possessão de um pelo outro e vice-versa. Nessa etapa, é indiferente ao amor satisfazer-se dando vida ao objeto amado ou condenando-o à morte. A mesma qualidade de êxtase será atribuída a uma e a outra, que poderão, assim, se intercambiar na mais perfeita inocência. A inversão no seu contrário que tem carta branca com a sobredeterminação psicótica nunca é tão ameaçadora como quando ela dá lugar à retomada dessa indiferenciação primeira entre vida e morte, quando o paciente vê na morte a satisfação que lhe recusa a vida.

Também aqui, melhor do que nós mesmos poderíamos fazer, o poeta nos aclara. Stefan Zweig, contemporâneo e amigo de Freud, consagrou a Hölderlin um belíssimo estudo de grande alcance psicológico: "O combate com o demônio". A reflexão profunda e clarividente de Zweig comenta alguns versos de Hölderlin escritos bem antes do seu colapso definitivo – que o levará a ficar recluso e a se fazer chamar "Scardanelli" –, versos que preciso, primeiro, citar:

[...] Mas finalmente [os filhos da terra]
Hão de partir, hão de deixar a vida, e,
Medrosos, se submergem no mistério.

Assim, cada um deles recobra uma nova juventude,
Como quem se refrigera na purificação de um banho.
Os homens deveriam ter o mais alto prazer
Nesse rejuvenescimento,
E sair de uma morte purificadora,
Invencíveis, como Aquiles, do Estige.

O pensamento da morte livremente consentida [escreve Zweig, então] formula magistralmente o princípio de uma morte permitida voluntariamente. [...]. Com efeito, a vida é destruição, porque é desintegração, fracionamento, enquanto a morte dissolve o ser no Universo. A pureza é a lei suprema do artista, que cuidará de manter puro; não o invólucro, mas o espírito que o encerra.[13]

Como se sabe, o próprio Zweig recorreu ao suicídio.

O recurso ao "material" clínico é tentador e necessário para fundamentar e ilustrar certos desenvolvimentos teóricos. Permanecerei alusivo para evocar o caso de um homem de quarenta anos para quem a atração exercida pela morte é claramente identificável. Ele não concorda com a cura – sabe disso, diz isso, e eu vejo –; descobriu no seu tratamento, aliás, uma compulsão ao suicídio que

---

13 Zweig, S. *A luta contra o demônio*: Hölderlin, Kleist, Nietzsche. Trad. A. Pinheiro. Rio de Janeiro: Irmãos Pongetti, s/d., p. 98. (Trad. modificada.) [N.T.]

ele não conhecia. A "cura" tem, para ele, a feição de uma precisão brilhante: tornar-se pai, isso de que ele sabe não poder escapar, mas que suscita nele uma aversão imensa. Opõe ao processo analítico, então, uma inércia, uma recusa da qual ele sofre, sobretudo por procuração – visto que pensa que seria eu quem ficaria acabado; sou eu quem ele imagina, ao sair das suas sessões, erguendo os olhos ao céu e agitando os braços desesperadamente. A minha paciência, que ele julga ser "extrema", permanece um enigma e uma fonte de aborrecimento para ele. Não é o caso, entretanto, de interromper seu tratamento – tanto que ele nunca foi interrompido – e é por essa inscrição numa normalidade da análise que essa situação ganha todo o seu relevo: ela aclara *a contrario* o conflito que ordena, para outros – e especialmente para aqueles que qualificamos como psicóticos –, a interrupção brutal, inusitada, dos seus tratamentos.

Ele, então, se obstina nesse tratamento; contenta-se em refrear seu desenvolvimento. Suas associações tendem a se arrimar em motivos intelectuais; sua voz fica lânguida com frequência – mas, por fim, vamos trabalhando, vamos avançando. Algum tempo depois, ele até se lembra dos seus sonhos. Num desses, sua mãe o chama e lhe prescreve algo com um tom que ele nunca havia visto, tirando uma vez, no momento da sua agonia – um tom autoritário que não admitia réplica. É, pois, esse momento histórico que o sonho se reatualiza.

Para mim é uma imagem aterrorizante; ele a acolhe com uma serena familiaridade, como uma aparição benevolente. Isso é só o dado manifesto do sonho; as suas associações e as minhas interpretações nos conduzirão a um conteúdo bastante diferente, muito distante do acontecimento trágico dessa morte. Mas, por fim, essa imagem – irrompendo pela primeira vez no espaço intermediário da transferência –, pungente em razão da presença que "a voz querida daqueles que se mataram" lhe insufla, parece-me, independentemente dos disfarces que ela autoriza, por ela mesma, assegurar uma penetração sem precedente nas formações psíquicas organizadas em torno da recusa, do luto, sepultadas nas profundezas da alma e piamente conservadas na sombra doce da sua "melancolia".

Ele era filho único, amado com um amor fervoroso. Foi a análise que o conduziu irremediavelmente a dimensionar isso à luz da sua compulsão a reproduzir esse mesmo tipo de laço na sua vida amorosa. Sua mãe o amara com um amor exclusivo, no sentido de que ela afastara o pai dele, e no sentido de que ele se submetera a todos os ideais dela, principalmente os intelectuais. Ele não pode imaginar ter um filho que ele não lhe mostraria. Nesse sentido, a recusa à cura não é, para ele, do foro de uma resistência ao processo analítico por aversão "moral" – a qual é um fenômeno acessível à interpretação e da qual Freud deu uma descrição minuciosa e quase definitiva sob o nome de resistência de transferência ou à transferência. Ela é, aqui, de natureza pulsional; ela tem sua fonte no afeto edipiano que continua ativamente acoplado, "fixado", no objeto originário. O sujeito não dispõe, em seu equipamento psíquico, de mecanismos que o autorizem – ou o forcem – a renunciar a isso; e, de sua parte, isso porque nenhum invólucro linguístico canaliza o seu curso, o analista, caso se exclua a sugestão, não está munido do menor acesso à sua interpretação.

Essa corrente erótica permanece isolada na sua vida psíquica; ela permanece clivada das instâncias mais evoluídas. Não está sujeita à percepção da realidade, tal como órgãos perceptivos estabelecem – não é verdade, por exemplo, no seu inconsciente, que a sua mãe tenha morrido. Essa corrente erótica tampouco está sujeita ao juízo, tal como o pensamento discursivo o introduz, pois nada lhe interdita pensar que a minha presença silenciosa, no segundo plano do seu olhar, não seja a própria presença da sua mãe, a imagem viva invisível dela. A presença da sua mãe viva em seu sonho assinala a recusa do seu luto e a conversão na transferência dessa recusa.

Esse afeto erótico, nesse sentido, justifica plenamente as atribuições – escandalosamente metafóricas, decerto – utilizadas por Freud para qualificar a pulsão como "selvagem", "indomável"; ele só conhece a sua satisfação, encontra o seu objeto em cada objeto que o mundo lhe oferece. É indiferente às consequências gravemente destrutivas com que essa satisfação ameaça a vida física do seu autor. Em contrapartida, ele dispara defensivamente, nas franjas psíquicas mais adaptadas, uma angústia incomensurável.

Assim como podemos conceber uma primeira figura, há outras, subjacentes em determinados seres numa atração incoercível em direção à morte (ou ao seu análogo, a loucura). Nossas palavras poderiam abordá-la (pois ela não vem, ela própria, em direção às palavras: permanece radicalmente uma imagem) através da seguinte fórmula: a morte ignorada em sua realidade de aniquilação, de destruição; a morte desconhecida em sua oposição à vida. O sujeito se comporta diante dela como se ela fosse uma forma (gloriosa) de salvação e de sobrevivência. Não é, aí, uma conduta inconsequente nem intencionalmente destrutiva; é o efeito da crença para o suicida, de que uma vida melhor lhe virá pelo preço do seu ato. Outro paciente, que a atividade delirante apartava radicalmente do mundo exterior, arranjou uma fórmula impressionante para dizer o valor atribuído a esse gesto. Uma enfermeira apareceu no seu quarto no momento preciso em que ele colocava um revólver carregado na têmpora. Voltando, depois, a esse acontecimento, ele diz: "felizmente não serei mais deste mundo". Esse determinismo inconsciente pulsional que causa horror ao pensamento – a ponto de este só poder, por sua vez, renegar a sua existência – comanda também, sem dúvida, o gesto do *kamikaze*.

Diante da atração pela morte, diante dessa "pulsão de morte que trabalha silenciosamente", para retomar essas palavras de Freud[14], observa-se que a recusa à cura representa uma versão ou conversão atenuada dela que lhe garante tanto a atualização quanto a defesa – visto que realiza um compromisso entre as duas forças envolvidas: aquelas voltadas para a autoconservação e aquelas voltadas para a aniquilação. Nota-se, ainda, que essa recusa à cura que se opõe a um objeto novo, o analista, e à alteridade irredutível, as tentativas alucinatórias de identificá-la com um objeto passado, garantem à pulsão originária um primeiro deslocamento. Esse deslocamento é o precedente necessário a toda e qualquer mobilização ulterior do afeto edipiano, à sua renúncia tanto à sua troca por um objeto real quanto, de uma maneira geral, à sua dessexualização. Se o movimento pulsional não é, nessa etapa, interpretável, ele mostra, no entanto, que é transferível: ele dá sinal, na negatividade da sua realização, de que se inscreve no processo analítico e requer do analista que ele seja acolhido, recolhido como produção transferencial, construção psíquica sofisticada vinculando uma satisfação ameaçadora a uma defesa vital.

É uma tarefa desconfortável para o analista "suportar" essa radical ambivalência transferencial. Ela exige dele que mobilize disposições psíquicas tão contraditórias quanto o poder e a coragem de pensar que ele dispõe apenas de meios limitados ante a violência do real que, por exemplo, "nada é mais forte que a morte", como diz um adágio alemão que Freud toma para si diversas vezes; mas também que o seu método – do qual ele não passa de modesto servo – dispõe de inauditas capacidades de transformação psíquica.

---

14 Freud, S. O mal-estar na civilização. In: _____. *Obras completas*, v. 18. Trad. P. C. de Souza. São Paulo: Companhia das Letras. p. 86. (Trad. modificada.) [N.T.]

Para acessar a segunda configuração da atração pela morte, é preciso que deixemos o terreno da melancolia – na filiação da qual se sustenta, sem exceção, todo estado psicótico – e voltar à questão do luto que concerne à normalidade. Não temos necessariamente os meios teóricos de dar conta desse fenômeno, mas a experiência clínica o comprova. Uma vez que o analisando engrenou numa relação transferencial, sem nenhuma outra intervenção da parte do analista além daquela passiva de suportar a transferência, o que resta de enlutado para o paciente, a sua relação com objetos perdidos que ele simplesmente recalcou e conserva piamente em seu inconsciente, tudo isso se recoloca em movimento – o paciente recoloca em ação um luto que ele habilmente estaria evitando.

Esse trabalho do luto se desfralda conforme um determinismo psíquico e numa temporalidade que praticamente não admite variações singulares. Trata-se sempre, para um indivíduo, de renunciar a um objeto amado cuja realidade lhe prescreve que ele "não está mais lá"; e renunciar a esse objeto contra a tendência que comanda toda a vida psíquica: conservar tudo, não perder nada. Tarefa rude, dolorosa, que só pode se realizar progressivamente, lentamente e por etapas.

A primeira consiste em renunciar à sua voz, em fazer com que o timbre que contém o próprio espírito disso que era amado se ensurdeça nas profundezas psíquicas. O silêncio dito pelos gestos da boca fechada, do dedo diante dos lábios – tais como vemos nos coros gregos – são as figuras por meio das quais o morto, silhueta muda, continua a acompanhar o vivo. A sedução que essa imago exerce nesse momento do luto é uma sedução passiva, sedutora, visando a que o vivo se junte ao morto, jaza do lado dele. É o que ocorre para o analisando na inércia que ele opõe ao trabalho da fala. O silêncio, a atonia física manifesta – como que a imitando – que o morto o habita, que o eu vivo é também o objeto morto. Pois nesse nível arcaico da expressão, o alcance concreto e abstrato das figuras confunde-se absolutamente. Silêncio e atonia declinam ironicamente uma versão minúscula e reversível dessa temida realidade.

A segunda etapa corresponde à penetração que o sujeito alcança no conhecimento do laço que o vincula ao seu objeto. "É na hora da separação que a verdade atroa", diz o poeta. Deixar o objeto é dimensionar o ódio que sempre acompanha o amor que se devota a ele e que achou uma satisfação inusitada na sua própria morte. A renúncia à imagem do objeto perdido, esse trabalho de "perder de vista" que J.-B. Pontalis identificou – que é a parte mais importante do trabalho do luto – constitui também, na inversão de afeto que ela organiza, a sua etapa mais perigosa, atribuindo ao objeto amado e amável um valor ameaçador, uma intenção ativamente vingativa, uma querulência que substituiria inteiramente a sedução que anteriormente ele exerce.

O morto então convoca o vivo ativamente a juntar-se a ele numa "força de atração" que não é mais totalmente da ordem de uma tentação tal como exerce – no primeiro tempo do luto – a nostalgia da lembrança deste, mas da ordem de um mandamento. No poema de Goethe, como vimos antes, o Rei dos Álamos, figuração da morte, chama a criança doente de forma cada vez mais insistente e virulenta.

> *– Vem comigo, meu lindo! Ah, vem comigo! Vens?*
> *Contigo jogarei jogos bem divertidos;*
> *Muitas, garridas flores nas minhas ribas tens,*
> *[...]*

Ao que sucedem palavras francamente ameaçadoras e eróticas. O vocábulo "excitar", *reizen*, que o poeta emprega, é o mesmo que Freud utiliza para definir a atividade das fontes sexuais. "– Tu me excitas assim, com essa linda figura, / Não resistas, senão a força empregarei."

Trata-se de um imperativo ao qual o sujeito só pode opor defesas tão violentas quanto a evitação fóbica, a inibição psicomotora, as construções delirantes e alucinatórias – as quais permanecem inacessíveis a quem, como o pai da criança no poema, não foi iniciado nesse cenário fúnebre e não tem acesso às criptas secretas do edifício psíquico assombradas pela alma penada. Estamos, aí, no absoluto da solidão individual, nos limites do que é intercambiável de si com o outro, mesmo o mais próximo – como se o convívio com os mortos excluísse *de facto* todo e qualquer convívio com os vivos. Assim como as instâncias conscientes do enlutado só mantêm com essa experiência inconsciente, alucinatória, a relação indireta – com matizes de assassinato e de estranheza – da despersonalização.

O sonho do analisando exuma, pois, o estrato mais profundo – e, sem dúvida, o mais originário – da organização melancólica. Ele atualiza na linguagem de imagem a versão protomelancólica da fantasia, em que "a sombra" do objeto, confundido com a sua figura viva, toma posse do eu, encomenda o seu autossacrifício. Da resistência que o sujeito opõe a esse chamado depende o fato de ele se suicidar ou não. Parece-me impossível não aceitar que um determinismo dessa ordem não comande toda e qualquer tentativa de suicídio. Observo, ainda, que eu não teria podido, escutando – ou, melhor, assistindo a – esse sonho, dimensioná-lo, caso a poesia e a literatura não me tivessem familiarizado, antes, com esse fenômeno propriamente enlouquecedor.

O sonho é possibilitado graças a certa organização e estabilidade da vida psíquica no seio da qual ele se institui como "teatro privado", autorizando o eu a tomar – a distância, como espectador, como ficção – conhecimento dos terríveis dramas desconhecidos dele que se desenrolam em setores da sua pessoa. O sonho é uma instituição psíquica que protege o ser da despersonalização. Quando a mesma fantasia arcaica – porque a personalidade do sujeito está nitidamente menos estável – chega a se atualizar diretamente na transferência sem a mediação protetora da tela do sonho, a situação torna-se trágica e ameaçadora. A dificuldade que o tratamento da afecção psicótica atravessa deve-se à emergência necessária, na transferência, dessa fase protomelancólica da fantasia, que ameaça desfazer a alteridade do laço relacional engrenado entre paciente e cuidador. A fascinação aterrorizante que o objeto morto exerce anula a qualidade analítica do analista, neutraliza a sua capacidade de continência, faz dele uma figura ameaçadora – assim como o rei dos álamos é para a criança doente. Ilustremos esse ponto com um exemplo.

Para esse jovem, as suas sessões são uma fonte de pânico. Ele logo começa a suar e fica tremendo. Acho que admiro e que fico tocado com a coragem que ele tem de vir. Bem rapidamente pudemos conectar esse estado de pânico com as múltiplas formas de conduta autodestrutiva que ameaçam a sua sobrevivência – entre outras, o consumo de álcool e de tóxicos que lhe garantem, no entanto, uma proteção contra esse pânico. Ele pinta – ganhou certa notoriedade; amadores compram essas telas –, mas essa atividade só lhe é possível à custa de rituais que, de profano, só têm o conteúdo; que lhe são tão exigentes quanto os exercícios que um penitente integrista se impõe em tempos de quaresma. Ele vai salientar, um pouco mais tarde, que uma "missão" o condena a essa criação – ele não diz mais nada sobre; ele não sabe mais nada sobre –; entende-se que ela visa à salvação dos homens e do mundo. A isso se restringe a confissão das formações delirantes que o habitam.

E o medo de não poder realizar isso é o que o traz à análise, pois, tirando quando está comigo, ele nunca fica tão em pânico como quando está pintando. Um pouco mais tarde, recupera o acontecimento mais doloroso da sua infância, relativo ao fato de que os pais de um colega lhe terem explicado o porquê de sua mãe mimá-lo tanto e deixá-lo tão livre. Ela havia perdido um primeiro filho e ele o substituía. Conectou essa informação àquilo que ele próprio havia apontado quanto a suas ausências psíquicas. Daí descobriu o seguinte: que, bebendo ou consumindo drogas, ficava como que morto – e, então, ficava em paz. Ficando acordado, ativo, criativo... uma presença o ameaça. Juntos estávamos começando a reconhecer, nessa presença, a presença do irmão morto – tanto, aliás, quanto a de sua mãe ausente, melancolicamente voltada para ele –, quando, aproveitando as férias de verão, ele deixou uma mensagem para mim, me dizendo que estava interrompendo temporariamente as suas sessões. Compreendi que ele não voltaria mais. Pois a sua mãe – pensava ele, ainda – não suportaria que ele parasse de beber; e ele tinha, quanto a esse quesito, a mesma convicção que tinha quanto ao da sua missão. Essa imago materna lhe interditando de não beber, de viver, é o produto de uma identificação protomelancólica com um objeto edipiano, morto com a morte do filho dela.

É desagradável e doloroso ver parar uma análise que está andando. Isso não deve nos impedir de continuar o trabalho de compreensão disso que obera, assim, o desenvolvimento do processo analítico. Encarar esse limite da cura só pode nos ensinar sobre a natureza da transferência que se desenvolve nos estados psicóticos, uma transferência que invade todo o espaço da intersubjetividade como o teatro *off* invadiu, na época do festival, toda a cidade de Avignon.